生成AIは小売をどう変えるか？

永田 洋幸

トライアルホールディングス／Retail AI

ダイヤモンド社

はじめに

　2023年、「ChatGPT」に世界的に大きな注目が集まり、生成AIが持つ可能性とわれわれ人間に対する影響を深く考えなければならない状況となりました。そんな中で筆者を含め流通業に携わる人々は、そうした新たに出現したテクノロジーを使いこなし、流通産業、ひいては日本という国のさらなる発展にどうつなげられるかを考えるべきときを迎えています。

　コロナ禍ではあらゆる産業がデジタル・トランスフォーメーション（DX）を求められ、DXを実現できなければコロナ禍の時代を乗り越えられないのではないかという"切迫感"さえあったような気もします。では、DXは本当に進んだと言えるのでしょうか。試行錯誤してみたが思ったほど効果がでなかったり、DXのゴールが見えない中で行き詰まったりといったケースも少なくなかったのではないでしょうか。

　そこに来て今、われわれは生成AIという新たなテクノロジーと向き合うこととなりました。DX時代同様に生成AIが新たな切迫材料になったといっても過言ではありません。一方で、こうした新たなテクノロジートレンドに脅かされるような経験を、われわれは何度しなければならないのでしょうか。

　幻想ではなく、AIの発展の延長線上にあるシンギュラリティ（技術的特異点）が、産業のみならず、あらゆる生活の場面において起こることは不可避です。そのときになってから動き始めても、「時すでに遅し」なのです。

そこで本書では、長年ITと小売の融合を進めてきたトライアルグループのIT部門を率いる筆者が、生成AIをはじめとする新しいテクノロジーに対してどのように向き合い、どのようなプロセスで活用すべきなのかを、われわれがこれまで試行錯誤してきたこと、目下取り組んでいることなど具体的な事例も示しながら解説しました。流通業に携わる人々はもちろん、新しいテクノロジーの導入・活用を志向するすべての人々にとってヒントになれば幸いです。

　今のところ、生成AIなど最新のテクノロジートレンドは流通の現場からは遠い存在に感じられるかもしれません。しかしだからこそ、どのようにアプローチするかを今のうちから考察しておくことが肝心なのです。

　われわれのグループが掲げる「トライアル（TRIAL）」という社名は、「挑戦し続ける」という姿勢を表したものです。多くの挑戦と失敗を繰り返しながら、生成AIを流通ビジネスにどう〝なじませて〟いくのか。そんなことを考えながら本書を執筆しました。

　シンギュラリティを迎えるその時までに、われわれ流通産業は、テクノロジーと向き合いながら「リテールテック産業」へと進化を図らなければなりません。それは流通産業にとどまらず、日本全体の発展にも寄与するものと私は信じています。

　最先端のテクノロジーというものは概して、「すばらしいもの」と手放しで称賛され、それを導入しようとする姿勢を示せば、市場からの評価・注目度も上がるケースが多いと言えます。

　しかし、テクノロジーをただ導入するだけで、「イノベーシ

生成ＡＩは小売をどう変えるか？

ョンを起こした」と言えるでしょうか。アメリカの経営コンサルタントで「キャズム理論」を唱えたジェフリー・ムーア氏はこんな指摘をしています。

「顧客体験が変わらなければ、産業が変わることはない。顧客体験を変えれば、産業は変わる」――。

つまりテクノロジーを導入・活用したその先にある、顧客体験の変革を実現して初めて、イノベーションと言えるのです。

数年前、世界中で無人店舗がブームとなったときがありました。とくにアメリカではアマゾンが開発した「Amazon Go」をはじめ多くのプレーヤーが参入し、市場は活況を呈しました。しかし「無人店舗」を掲げた多くの店がその後閉店に至り、残ったプレーヤーも店舗網を縮小しながらビジネスモデルの再考を迫られています。

その背景としては、本書でも詳しく触れますが、テクノロジードリブン（新たな技術をもとに革新的なビジネスモデルを開発すること）の取り組みが先行し、オペレーションドリブン（店頭など現場の実情に合わせて機器やサービスを設計・運用すること）の考え方がなおざりになっていたことが大きいと私は考えます。

そのためトライアルグループでは、新たなテクノロジートレンドを積極的に取り入れつつも、オペレーションドリブンを前提としています。つまり、導入する技術のレベルの高さを追い求めるのではなく、あくまで現場の課題やお客さまの買物体験をどう変えられるか。そこを重視しているのです。生成AIについても具体的な活用領域を設定し動き始めていますが、オペレーションドリブンであることは変わりません。

───

あらためて、本書は、流通業界における最新の生成AI技術の活用に焦点を当てた一冊です。失敗からの学び、テクノロジーの適用、新しい流通体系の構築、DXの基盤づくり、そしてエコシステムの形成といった視点から、生成AIがリテール業界にどのように影響を与えるのかを解説し、現実的かつ戦略的な洞察を提供します。

　専門性の高い内容も含まれるため、まずはここで各章のサマリーを簡単にまとめておきます。本書は全5章からなっており、第1章、2章、5章は、とくに流通ビジネスに携わる小売、メーカー、卸などの企業に勤める皆さまにぜひ読んでいただきたい内容です。一方、第3章および4章は、生成AIについて一定以上の知見・知識を有している方に向けた内容となっています。

　第1章の「生存戦略としての『リテールDX』」では、前提として、流通産業を取り巻く技術的環境や顧客の変化に伴うショッパーマーケティングの重要性、ECR（効率的消費者対応）、そして新しいテクノロジートレンドである生成AIの可能性について解説しています。

　第2章の「新しいテクノロジーとの向き合い方」では、新しいテクノロジーに対する過度な期待から幻滅期、そして成熟期への移行という普遍的な現象について解説します。具体的には、ガートナー社が提唱する「ハイプ・サイクル」を例に、初期の概念実証（PoC）の段階から安定した事業運営への過渡における挫折と成功のパターンを分析します。早期にテクノロジーに触れ、深い理解を得ることが、それを効果的に活用する鍵であると強調するとともに、生成AIの利用を事業改善の一環として積極的に考えるための戦略と視点を提供します。

　第3章の「生成AI活用の道筋」では、生成AIの根幹である

「ゼロショット学習」や「フューショット学習」の説明から、「スケーリング則」の解説、「破滅的忘却」や「データ汚染」への対策など、生成AIの操作に関連する具体的な課題を詳細に解説します。さらに基盤モデルの重要性とオペレーションドリブンの考え方が、これらの技術を効果的に活用するためのポイントであるとし、その具体的な方法と戦略について検討します。

第4章の「『ナッジ』の重要性」では、人間が抱える弱点をAIが補完するという、流通とITの統合の本質について、生成AIによる「デジタル・ナッジング」や「思考の連鎖」「思考の樹」「ジョブ・クラフティング」などの考え方をもとに、流通現場における生成AIの戦略的な活用手法について提言します。

そして、第5章「DX実現に欠かせないエコシステム」では、DX投資への“抵抗”を乗り越え、技術とイノベーションの“交差点”を見つけるには、オペレーションドリブンな環境の形成が不可欠だということをあらためて解説します。そのうえでテクノロジードリブンに潜む落とし穴を警告し、組織の醸成とエコシステムが成功への鍵であること、そしてそのためにわれわれトライアルグループが取り組む具体例を挙げ、持続可能なエコシステムの形成への道を示します。

本書を通じて、生成AIのような新しいテクノロジートレンドを身近に捉え、活用し、自社のビジネスのさらなる成長・発展につなげていただければ幸いです。

トライアルホールディングス 取締役CDO
Retail AI 代表取締役CEO

永田洋幸

生成AIは小売をどう変えるか?
Contents

(第4章)
「ナッジ」の重要性

生存戦略としての 「リテールDX」

われわれは
「第四次産業革命」の時代を生きている

　昨今、その言葉を聞かない日がないと言えるほど、「デジタル・トランスフォーメーション（DX）」がトレンドになっています。

　しかし、AIチャットボットやビッグデータ解析ツールなどの新しいIT技術を導入すること自体が、「DXの実現」とイコールになることはありません。筆者を含め、われわれトライアルグループでは、「売上への顕著な影響」を生み出したときに初めて、新たなテクノロジーを導入したことの価値が生まれ、DXの実現に至ると考えています。

　私たちのように小売業を生業とする企業や、メーカー・卸各社など流通産業の一角を占める企業は総じて、DXを進めて「新しい流通業」へとアップデートしなければ、もはや生き残ることはできません。すでに、トライアルグループは新しい流通業の創造に向けて着実に準備を始めており、その取り組みを例にして、「生き残るためのDX」の方向性をまずは指し示したいと思います。

　最初に、メーカーにも流通業にも共通して指摘できる、私たちがDXに真剣に取り組まないといけない理由に触れておきます。

　2023年現在、私たちは「第四次産業革命」の時代を生きています。その意味を説明するには、過去の産業革命の一連の流れを整理しておく必要があるでしょう。

　まず「第一次産業革命（1760〜1840年ごろ）」は、蒸気機関の

生成AIは小売をどう変えるか？

発明とそれに伴う工場制手工業の登場を特徴としています。織物業が中心的な役割を果たし、その他の手工業者や農業は相対的に衰退しました。

次の「第二次産業革命（1870〜1914年ごろ）」は電力、化学、内燃機関、鉄鋼業、石油などが発展し、それに伴い化学工業、電力産業、自動車産業、鉄鋼業が急速に成長、一方で船舶や馬車などの旧来の運輸業は衰退しました。

続く「第三次産業革命（1970〜2000年ごろ）」は、IT（情報技術）とインターネットの爆発的な拡大により特徴づけられ、これによりすべての産業がデジタル化し始めました。IT関連産業（パソコン、ソフトウェア、ネットワーク等）が大きく成長し、一方で伝統的な製造業（とくに労働集約型の製造業）は自動化とグローバル化の波に呑まれ、衰退しました。

そして現在進行中であるのが、「第四次産業革命」です。これは、物理的な世界とデジタルな世界が融合するという特徴を持ちます。AI、ビッグデータ、IoT（モノのインターネット）、ロボット技術、ブロックチェーンなどの新技術が中心的な役割を果たしています。これにより、IT産業やデータ分析、AI関連企業、バイオテクノロジー企業などの成長が期待されています。

一方で、デジタル化や自動化、あるいはビッグデータの活用という変化やトレンドに適応できない産業や労働集約型の産業、たとえば製造業や小売業は変革を余儀なくされるでしょう。それと同時に、第一次産業革命から第三次産業革命のときと同様に、第四次産業革命期においても、時代の流れに適応できない産業は衰退の一途をたどるしかないのです。

流通業にとっても、決して他人事ではありません。すでに第三次産業革命により「EC（ネット通販）」という新たなチャネル

が産み落とされ、それまでの"リアル店舗前提"の流通環境が激変しました。消費者はいつでも気軽に、すぐに商品を入手することができる、非常に利便性の高い買物環境を享受するようになっています。EC企業の代表格であるアマゾンは、その圧倒的なサービス力で、小売の圧倒的覇者であったウォルマートに対し３倍もの時価総額をつけています。

そんな中、前述したように新たなテクノロジーの波が押し寄せている第四次産業革命が勃発しているのです。小売業で言えば、旧態依然としたリアル店舗の運営を継続している限り、第四次産業革命の流れで衰退していくことは不可避です。

サプライチェーンに潜む
「43兆円」の非効率

われわれ流通業がDXに真剣に取り組まないといけない理由はもう１つあります。

それは、メーカーから卸、小売、そして消費者に至るまでに構成されるサプライチェーン上に、トライアルグループ独自の試算で、約43兆円のコストが存在しているという事実です。そして、その中に潜んでいる非効率なコスト（ムダ・ムラ・ムリ）を、「最適化できるのにできていない」という現状に、筆者は強い危機感を覚えています。

まずは非効率なコスト（ムダ・ムラ・ムリ）というのがどういうものなのか、詳しくみていきましょう。

日本の小売業、そしてそれを取り巻く製造業や卸売業の経営効率は、欧米と比較して非常に低いといわれています。大手

企業による寡占化が進んでいる欧米においては、ECR（Efficient Consumer Response：効率的消費者対応）の考え方をベースに、「モノを効率良く供給する」ための効率的なシステムや仕組みが発達しています。一方、日本の小売市場でも寡占化が徐々に進行しつつありますが、そうしたシステムの構築は欧米に対してまったく追いついていないと言わざるを得ません。

　そうした状況下で、商品を製造し消費者の手に届くまでにかかっているすべてのコストのうち、約30%にあたる43兆円規模の部分に、過去の習慣に依存したムダが多く潜んでいるものと私は考えています（図1）。

　たとえば、「欠品／ロス」の項目には、11兆円ものムダがあると想定していますが、その中には食品の廃棄ロスや、季節商品の返品などが含まれています。トライアルグループにおいても、日用品カテゴリーにおける季節商品の返品率は10%を超えるようなものもあり、季節の変わり目には店頭から多くの商品が、卸売業の倉庫を経由して、メーカーの倉庫まで逆戻りし、

図1_流通小売業界の変革による「ムダ・ムラ・ムリ」解消の影響額

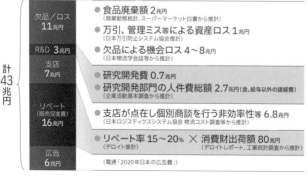

※2020年数値で推計

それからメーカーは商品を廃棄する、といったことが行われているのです。これは、昨今重視されているSDGs（持続可能な開発目標）の達成といった観点からしても、早急に解決していかねばならない課題でしょう。

　そもそも、こうしたことが発生する真因は何か。それは「売上偏重」の思想と、サプライチェーン全体で在庫データを共有することなく、そして、売場の実態とカテゴリー特性にあわせた細やかな在庫コントロールができていないことにほかなりません。

　そのほか、「販売促進費」や「広告費」といったマーケティング関連コストに関しても、膨大な原資が投下されているのと同時に、多くのムダが発生しています。

　以前は、メーカーはテレビCMを大量投下して新商品をアピールし、小売店にはリベートを大量投下して店内のベストポジションに大量陳列し、小売業は欠品しないように在庫を確保しておけば売上は間違いなく上がる——これが勝ち筋とされていました。

　しかし、消費者の嗜好が多様化した今、旧来のマーケティング手法でヒット商品をつくりだすことは非常に難しくなりました。メーカー関係者からは、「新商品を200種類開発して、1つでもヒットすれば良いほうだ」といった話を聞いたこともあります。

　嗜好の多様化を如実に示す1つの例が、ヘアケア用品です。以前は、家庭のお風呂場である特定ブランドの1つの商品を家族全員で使うといったことが当たり前でした。しかし現在では、お父さん、お母さん、お子さんそれぞれが、自分の髪質や好みの香りなどに合わせて、3ブランドの商品を使い分ける、とい

った光景も珍しくありません。

　こうした変化の背景には、インターネットやスマートフォンが普及し、さまざまな情報を自由に手に入れられるようになったことで、人々の趣味や嗜好性が多様化したことがあります。ヘアケア用品を顕著な事例として挙げましたが、もちろんその流れはヘアケア用品に限らず、食品を含むあらゆるカテゴリーで進んでいます。

　このように消費者の多様化が加速する中で、メーカーの製品開発手法から、マーケティング戦略、販売チャネル、販売方法まで、すべての領域で革新が求められているのです。旧態依然としたシャワー式のマーケティングコストを今すぐ見直すべきでしょう。図1のとおり、リベート＋広告費で22兆円ものコストが投入されているのです。

　メーカー（商品）と消費者をつなぐ役割を担う小売業も同様に、販売促進・広告戦略について再考しなければなりません。消費者の嗜好が多様化している中で、個々のお客さまの趣味嗜好・ライフスタイルに合わせたパーソナルな商品提案ができなければ、小売業の役割は果たされません。そしてそのためには、データやデジタル技術の活用が必須になることは、言うまでもありません。

┃　データの価値を最大化するために

　顧客の多様性を把握し、パーソナルな提案から販売につなげるためには、データの価値を理解し、最大限に活用することが重要です。第四次産業革命において、「その商品を誰が買って

くれているのかわからない」などと言っていては、時代に取り残されてしまうこと必至です。

「顧客データ」を蓄積できるのは小売業です。メーカーは消費者との直接的な接点が少なく、販売データは「(卸への) 出荷数」でしか把握できず、その先の小売店舗でどれだけの数がどのようなユーザーに渡っているかというデータは取得できません。

何が言いたいかというと、何百万人ものお客さまと日々接している小売業が、顧客データを取得してサプライチェーン全体に「共有」すれば、より効率的な流通の仕組みが構築できるはずだということです。

小売業がめざすべきDXとは、最新のデジタルツールを店頭に装備することではありません。データを"生み出し"、サプライチェーン全体に"共有"していき、その結果として自社を含め流通産業の生産性や価値を最大化していく……。

これが、小売業が生き残るための「リテールDX」の方向性なのです。

最近では、小売業が持つPOSデータやID-POSデータを、サプライチェーン上に位置する他企業に共有するという動きが、ようやく見られるようになってきました。その動きに参画しているのは、カテゴリーマネジメントやショッパーマーケティングの重要性に気付いているメーカー、データの価値を理解しているインターネット企業や決済業者などです。とくに楽天グループやNTTドコモ、ソフトバンク、LINEヤフーなど決済事業を拡大している企業は、決済を起点に購買データを収集すべく、さまざまな手段を画策しています。それだけ、小売の現場で取得できるデータは、価値の源泉なのです。

ただし気を付けたいのは、データを"共有するだけ"では意

生成AIは小売をどう変えるか?

味がないということです。データを共有した先に、サプライチェーンの仕組みそのものが変わらなければ、データに真の価値は生まれません。

　一部の小売企業では、自社が蓄積したデータを新たな収益源として見る向きもあるようですが、データを外販することだけを目的としていては、結果的には小遣い稼ぎのレベルで終わってしまいます。

　データを共有しサプライチェーン全体で活用することで、たとえば自動発注の精度が上がる、適正売価が算出される、メーカー・卸・小売が共同で販売戦略を立案できる、不要な商談の時間がなくなる、ベンダーの欠品がなくなる、特売依存から脱却する、返品が削減される、顧客一人ひとりに最適な商品提案ができるなど、具体的な効果が生まれてこそ、データの価値が最大化されるのです。

「リテールDX」でめざすべき好循環

　筆者は日本の流通業がめざすべき「リテールDX」の方向性として、マネタイズの手段や考え方そのものを変える必要があると考えています。つまり、「いかに多くの商品を売るか」ではなく、「集めたデータからいかに付加価値を生み出すか」を重視し、それ自体を収益の柱にするということです。流通業のビジネスモデルそのものにイノベーションを起こす。これがリテールDXの真髄なのです。

　そこで欠かせないのはデータの利活用です。私は2022年7月、コロナ禍以後初めて、アメリカの流通業やソフトウェアの

企業を訪問し、データ利活用のカギとなる、大きく３つの戦略
を見出しました。

①Frictionless（ストレスフリーな顧客体験戦略）

「ストレスのない買物体験」を提供することで、今までにない
データを生み出し、収集し、活用するという戦略です。顧客体
験の向上を最優先に位置づけ、一切の摩擦（Friction）を排した
買物環境を構築し、進化させる。そしてそれを個社で完結させ
るのではなく、オープンイノベーションの考え方で企業の垣根
を超えてデータを統合し、活用域を広げることで、また新たな
顧客体験の創出につなげることができるという考え方です。

②Unified Data（データ統合戦略）

　企業間のデータ共有も含め、あらゆるデータを掛け合わせる
ことで新たな「データエコシステム」を構築するという戦略で
す。個社のデータだけで創造できる価値には限界があります。
流通業では店舗だけでなく、川上（調達・製造）から川下（消費者
の生活環境）まで横串を刺してデータを収集・活用することがで
きます。

　今日では店舗というオフラインだけでなく、インターネット
での検索履歴や閲覧履歴などオンラインのデータもそこに加わ
ることになり、消費者をより深く理解できるようになりました。
こうした環境が整備されたことで、これまで以上に有用なデー
タソースが誕生すると考えられるのです。

③Data Monetization（データによる収益化戦略）

　こちらは３つの中で最も重要な戦略と言えます。なぜなら、
売上に直結するからです。

　DXの重要性が声高に指摘されながらも、大企業でさえDX関

連の取り組みで思うように収益を生み出せていない、あるいは収益モデルを確立できていません。その理由としては、現実の顧客の課題に向き合うことなく、「DX」というワードだけが先行した中途半端なプロジェクトやプロダクトが生み出されているといったことが指摘できます。

　詳しくは後述しますが、トライアルグループもスマートショッピングカートやAIカメラなど最新のデジタル技術を活用したプロダクトを開発・実装しています。しかし、十二分なマネタイズに至っているとは言えません。

　それを実現するためには、「顧客の課題解決」を大前提に、常にピボット（方向転換）を繰り返すことが不可欠だと実感しています。顧客の課題を解決できるか否かが、マネタイズの分岐点なのです。

　これら3つの戦略は密接につながっています。「Frictionless」な顧客体験が新たなデータを生み、それが企業間で共有・統合されることで「Unified Data」となり、さらにはもともと蓄えていた川上から川下・オンラインとオフラインのデータが掛け合わされ、顧客の課題解決を実現することで「Data Monetization」に至る。そこで生み出した利益を資源に、さらに新たなテクノロジーへの投資が可能となり、より「Frictionless」な顧客体験を創出する。この好循環を確立することが、リテールDXでめざすべきことなのです。

買物ストレス低減と
データの多様化を両立する

　これらを踏まえて、われわれトライアルグループがどのような取り組みを行っているかを説明していきます。

　まず、トライアルグループとして考える「リテールDX」とは、DXを流通業界に適用し、業務プロセスの効率化や顧客体験の向上を図るというものです。IT・デジタル技術の活用によって、従来の取引形態や販売方法を変革し、競争優位性を築くことをめざしています。

　「Frictionless」な購買体験を生み出すうえで、セルフ決済機能付きの「スマートショッピングカート（略称：SSC）」や「リテールAIカメラ」といったデバイスを店舗に実装しています。これによってお客さまにストレスフリーな購買体験を提供しつつ、「店内でのお客さまの行動」というオフラインデータを収集しているのです。

　このうちSSCは、お客さまにとって「レジ待ち」という摩擦がなくなるだけではなく、買物中のお客さまに対し、過去の購買データに基づいた嗜好やライフスタイルに合った適切な広告やクーポンを出すことで、広告費・販促費の「ムダ打ち」を防いでいます。

　たとえば、ビールを飲めない・好まないお客さまに対して、ビールの販促をしても意味がありません。購買データからその事実を把握したうえで、ほかのジャンルの酒類商品の広告やクーポンの配信を行うことで、販促費の費用対効果を上げることができます。結果として、データを通じてお客さまを理解し、

最適な広告やクーポンを出して費用対効果を上げるこの取り組みは、「Data Monetization」の戦略を担っているともいえます。

一方、リテールAIカメラでは「売場の状態をデータ化する」ことを実現しています。欠品や陳列の問題点を可視化するのみならず、異なる店舗間を比較したうえでの改善点の洗い出しなども行うことができます。

さらに、収集した画像データに過去の売上や廃棄・値下げロスなどのデータを組み合わせることで、一部店舗では「自動値下げシステム」を導入しています。売場の状況をカメラで分析し、値下げに最適なタイミングを割り出し、電子棚札を介して自動で表示価格を変更するという仕組みです。これはロス削減だけでなく、これまで人力で行っていた値下げシールの貼付という作業も削減することにつながっています。将来的にはAIを活用した売価の最適化も検討しています。

これとは別に、顔認証技術の活用も本格化しています。一部店舗ではセルフレジに顔認証技術を採用し、お客さまにはあらかじめ顔情報、年齢などを登録していただくことで、酒類も年

左上／スマートショッピングカート
右上／顔認証機能付きのセルフレジ
右下／自動値下げシステムを搭載した電子棚札

齢確認することなくセルフレジで購入できるようになっています。これはお客さまの購買体験を大きく便利にするとともに、レジ業務を完全無人化することで店舗オペレーションにも大きな革新をもたらしています。

MDの最適化と 「コンサインメント」の取り組み

　次に、そのデータを統合する（Unified Data）うえで、トライアルグループにおいて大きな役割を担っているのが、MD（マーチャンダイジング＝商品政策）の最適化とコンサインメントの取り組みです。

　まずMDの最適化については、原材料調達から消費されるまでの全過程を自ら設計（デザイン）し、統制（コントロール）することをめざしています。この工程で発生するあらゆるデータを分析し予測モデルを活用することで、品揃えの最適化を図りつつ、サプライチェーン上の情報の透明度が上がることで品質管理も強化されます。

　このデータ基盤を整備するうえでは企業・業種の垣根を超えたデータの統合が必要になるわけですが、そのためには商品マスタの統一が課題となります。そこで、流通業界のDX推進を図る非営利団体「一般社団法人リテールAI研究会」が業界共通の統一商品マスタ「J-MORA（ジェイ・モーラ）」の構築を進めており、トライアルグループも参画しています。

　一方のコンサインメントは、「委託」「委託販売」を意味する言葉です。トライアルグループでは「コンサインメントを通じ

たECRの実現」をめざしており、具体的にはメーカーや卸企業に売場・商品の品揃えや価格の決定・販売計画の実行を委任できるような仕組みを構築しようとしています。

　ECRは米国の食品スーパーマーケット業界で生まれた考え方で、ウォルマートがP&Gとともにモデルケースを確立しました。

　当時常識とされていた「メーカーの売上を上げるためには小売の倉庫を自社の製品で満杯にしなければならない」という考え方を排し、データを共有することで消費者の手に渡るまでを共同責任として協業するスキームを2社で確立し、カテゴリーの伸長と、流通在庫の最小化、協業する双方の獲得利益の最大化というWin-Winの関係を実現しました。

　P&Gとの取り組みの成功から、ウォルマートは積極的にサプライヤーとのパートナーシップを構築していきます。その形態はJBP（Joint Business Plan）と呼ばれ、戦略レベルでの連携、戦術の企画と実行、成果に対する評価までの一連のビジネスプロセスすべてにおいて協業が図られました。古典的な"売った買った"の商談に終始するのではなく、消費者にとっての価値を最大化しつつ、商品の売上を伸ばし、互いの利益の最大化のためにいかにコストを削減するかなど、共通した課題に連携して取り組むという動きが拡大したのです。

　トライアルグループもこれに学び、メーカー・卸企業との協業を重視しています。とくにJBPの促進のために自社の販売データに高速な分析機能を取り入れた「MD-Link®」というシステムを開発し、メーカー・卸企業に提供しています。また、「カテゴリーマネジメント」というカテゴリーごとにメーカー・卸企業と協業するプロセスも構築し、消費者視点の売場・

第1章 ── 生存戦略としての「リテールDX」

27

商品づくりについても協業領域を広げてきました。

　そして現在、前述のSSCやリテールAIカメラといった店頭のデバイスから得られるデータについても、メーカー・卸企業とともに活用できる体制が整いました。単純な購買データだけでなく、カメラやセンサーによって得られた売場や商品の細かな動き、お客さまの店内での行動データなど、これまで得られなかった新たなデータも取得することができるようになり、そこには大規模言語モデル（LLM）を含むAI技術もどんどん活用されています。

　解像度の高い消費者インサイトとメーカー・卸との協業によって、マス・マーケティングだけに依らない製品価値の創造が可能になります。われわれがコンサインメントと呼ぶ協業の未来では、単なる効率化にとどまらない、業界を巻き込んだ新たな消費者体験を届ける仕組みがつくり出されるのです。

データの進化が
マーケティングを強固にする

　メーカー・卸企業とともにリテールDXが進んでいく中で、流通ビジネスにおける核であるマーケティングの手法も大きく変わっていくとみられます。そしてマーケティングは、前述のデータ利活用の3つのトレンドすべてに絡むことになります。順に説明していきましょう。

マーケティングとFrictionless（ストレスフリーな顧客体験）

　購買データや行動データを組み合わせて顧客特性（どのような嗜好性を持ち、どのような商品を好むのか、どのようなライフスタイルなのかなど）を把握し、コミュニケーションツールとしてのメディア（アプリ、SSC、店頭のサイネージなど）を適切に選択したうえで、個々の顧客の嗜好やライフスタイルに最適な商品のマッチングを行うことができます。"マッチング率"が上がれば上がるほど、消費者はスムーズに自分好みの商品と出合えるようになり、結果として買物満足度も向上していくのです。

マーケティングとUnified Data（データ統合戦略）

　2000年代前半までは、店頭から取得できるデータといえば日別・店舗別の販売数量が把握できるPOSデータのみで、小売やメーカー・卸はその限定的な情報をもとにマーケティング活動を展開していました。しかしその後、各小売チェーンが会員プログラムなどを介してより詳細な顧客データを取得するようになると、それをPOSデータに紐づけた「ID-POSデータ」の活用が進むようになりました。それによって、どの商品をどのような年代・性別の顧客がどのくらいの数量を、どの時間帯・タイミングで、どれくらいの頻度で購入しているのかを把握できるようになったのです。

　さらに最近では、ID-POSデータと各社が導入を進めているアプリが連携することで、位置情報データやサードパーティデータとの連携も可能になっています。さらには、TVの視聴データとも連携が可能になったことで、たとえば「あるCMを見た人が、どの店でどの商品を買ったか」といった、CMの効果測定が精緻にできるようになっています。

こうした環境が整ったことで、商品を購入する可能性の高い顧客に対して、より効果的に、適切なタイミングで購買を促すためのコミュニケーションをとることが可能になりました。

マーケティングとData Monetization（データによる収益化戦略）

　1to1マーケティング（クーポンやレコメンド広告を出すべき顧客をターゲティングした販促）を行うことで、「最小限の費用で最大限の効果を出していく」ことが可能になります。とくに商品を手に取ってほしい顧客には特別なクーポン、商品についての詳しい情報を求めている顧客にはアプリやSNSなどを通じて興味を惹きつける情報を伝えるなど、メリハリをつけた販促が打ちやすくなります。

　小売・メーカーともに値上げなどにより、特売にかける費用の捻出が厳しくなってきている中では、効率的な1to1マーケティングは今後、流通ビジネスにおいて主流になっていくでしょう。

　ただ、1to1マーケティングを実行するうえではさまざまなシナリオ設計——たとえば、どの時間帯にどの場所で誰に対してプッシュ通知をするかといった判断が必要になります。現状、多くの流通企業では人力でシナリオ設計をしたうえで、マーケティング・オートメーション（デジタルツールを介してマーケティング活動を自動化すること）を展開しています。ただし、取得するデータの量や種類が増えれば増えるほどシナリオの数も膨大になるため、人力でデータ分析を行いシナリオを設計することは事実上不可能になっていきます。

　そうした課題を解決する手段として期待できるのが、生成AIの活用です。購買データや行動データを学習した生成AIを

用い、シナリオ自体を自動生成し、マーケティング・オートメーションのサイクルを効率的に回すことができます。その結果、より一人ひとりの顧客に寄り添ったコミュニケーションが可能となり、顧客と商品とのマッチング率も向上して購買体験もより良いものになっていきます。

　各小売やメーカーが特定の商品に投下できる販促コストには限りがあります。生成AIを活用することにより、より効果的なマーケティングを実行することができるようになるでしょう。

大量陳列で売れる時代は終わった

　ここまで、小売が持つデータの価値とそれをサプライチェーン全体で共有することの重要性について説明しました。ここからは視点を変えて、作り手であるメーカーのDXの取り組みについてフォーカスしていきます。

　前述のとおり、消費者の嗜好の多様化に伴い、小売店舗で扱うアイテム数は年々増加傾向にあります。POSデータをもとにした調査によると、食品スーパーの取り扱い品目数は90年代後半からの約20年間で、およそ1.5倍に増えたといいます（『日経ビジネス』2017年7月31日号特集「もう迷わせない! 消費多様化の終わり」）。

　しかし、商品数が増えたからといって売場面積も青天井に拡大できるわけではありません。同じ売場面積のまま商品数が増えれば、そのぶん1商品ごとのフェースは減り、売場で目立たせることが難しくなります。また、そもそも現代の消費者の嗜好が多様なので、エンド部分で大量陳列をしてアピールしたところで、「目に入ったから買ってみよう」とはなりません。エ

ンドでボリューム陳列して目立たせれば売れる、という時代は
とうに終わっているのです。

　われわれトライアルグループのデータを見ても、「消費多様
化の顕著な例」として前出したヘア用品の取り扱いアイテム数
は、2007年が244アイテムだったのに対し、2019年には474
アイテムにまで増えています（「スーパーセンタートライアル北九州空
港バイパス店」のデータより）。

　またヘアケア市場のデータを集計すると、2017年は大手
5社の売上シェアが64.8％だったのに対し、その他78社が
35.2％という割合になっています。しかしその差は徐々に縮
まり、2021年1～8月のデータによると、大手5社が54.5％、
その他78社が45.4％と、まもなく逆転するのではないかとい
うほどまでに迫ってきています。

　これらのデータから、それまでカテゴリーを代表してきた商
品ではない、いわゆるニッチ商品で構成されるロングテール市
場（ニッチ市場）が拡大し、顧客が自分に合った商品を自ら探し

図2＿ヘアケア市場の変化

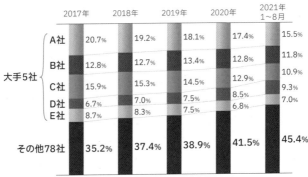

		2017年	2018年	2019年	2020年	2021年 1～8月
大手5社	A社	20.7%	19.2%	18.1%	17.4%	15.5%
	B社	12.8%	12.7%	13.4%	12.8%	11.8%
	C社	15.9%	15.3%	14.5%	12.9%	10.9%
	D社	6.7%	7.0%	7.5%	8.5%	9.3%
	E社	8.7%	8.3%	7.5%	6.8%	7.0%
その他78社		35.2%	37.4%	38.9%	41.5%	45.4%

※市場データより集計　※期間 2017年1月～2021年8月

求めるという「消費の多様化」が進んでいることが読み取れます。実際、ロングテールで存在感を示すメーカーも出始めており、I-neのシャンプー・トリートメントブランドの「YOLU」が、2022年10〜11月のシャンプー・リンスカテゴリーのシリーズ別売上高でシェア1位を獲得するという出来事もありました。

I-neのような新興メーカーは、IT業界でよく使われる「アジャイル開発」の方法論を採用し、市場に新しい価値を迅速に提供しているのが特徴です。アジャイル開発では、短いサイクルで製品をリリースし、迅速なフィードバックを取得することを重視します。新製品のアイデアが10個出たらそれらすべてをSNSで宣伝し自社のD2Cサイトで試売するという流れでリードタイムを短縮、消費者の反応を見ながら売れたら製品化、売れなければ撤退、という判断をすぐに下していくイメージです。

これにより、市場のニーズに即座に応え、変化対応力を高めることができます。また、これらの新興メーカーは消費者に直接商品を販売するD2Cモデルからスタートして成功しているケースが多く、消費者と直接的な関係を築くことで、深い顧客理解と迅速な変化対応力を得ています。アジャイル開発の柔軟性とD2Cブランドの強みを併用することで、新興メーカーは大手メーカーとの競争において優位を築ける可能性があるのです。

対して、伝統的な大手メーカーの多くは、アジャイルとは対極にある「ウォーターフォール開発」（あるプロジェクトを複数の工程に分け、上流工程から下流工程まで、それぞれを順番に進めていく開発手法）のような製品開発プロセスにとらわれています。たとえば、新製品のアイデアが10個出たら、時間をかけて世の中に出す製品を1つに絞り込み、1〜2年の年月をかけて製品化して大

量生産し、マス広告を打っていくという流れです。

その背景には、かつての大量生産・大量消費時代の成功体験があります。そこから抜け出せず、旧来の方法論に固執する傾向にあるのです。いわゆる「イノベーションのジレンマ」に陥っているのかもしれません。しかし、現代の市場は消費者のニーズが日々多様化し、高度な不確実性を有しています。ウォーターフォール開発をベースとした戦略では、市場の変化に俊敏に対応することが難しいのです。

新興メーカーは不確実性の強い時代に創業したため、"組織内の重力"にとらわれずに時代に合った組織構造や製品開発のプロセスを構築することができますが、大量生産・大量消費の時代に成功しているメーカーの場合、巨大化した組織構造や製造プロセスを変えることは容易ではありません。たとえば大量生産の時代にあわせて作られた製造ラインを抱えていたら、その製造ラインを活用すべく大量生産を続けなければならない、といったジレンマに至ってしまうわけです。

「時間をかけて良い商品を作ってマス広告をドカンと打てば売れる」という時代は終わりました。言い換えれば、まずは市場に出してみなければ、どのような商品がヒットするのかわからない時代ともいえるでしょう。極端な例を挙げれば、メーカー側が「従来に比べて格段に身体に良い製品である」という自信を持って市場に投入したのに、実際には「パッケージがかわいいから」という理由でヒットする、というギャップも起こり得るわけです。

市場の不確実性の増加とともに、アジャイル型の製品開発をし、早期に消費者の反応を分析していくことは、メーカーが市場に新しい価値を持続的に提供するカギとなります。大手メー

カーも、過去の成功体験にとらわれることなく、新しい時代の変化に適応する開発アプローチとブランド戦略を模索することが必要です。

「アジャイル型商品開発」の手法

　ITと小売の融合を推進してきたトライアルグループも、ITの領域での事業拡大を図る中で、開発の仕組みをウォーターフォール型からアジャイル型へと変えていく必要性を学んできました。

　アジャイル開発の手法はITだけでなく、メーカー、そして小売の業界でも適用可能です。「どんな商品が売れるかわからない」という市場の不確実性が高まっているからこそ、たとえばアジャイル開発の手法を「商品開発」の領域でも取り入れることができるでしょう。

　繰り返しになりますが、ウォーターフォール開発手法は仕様や要件が明確であり、ゴールが明確な中で無駄なく効率的に対応できるというメリットがある一方、不確実性への対応が難しいという側面があります。対してアジャイル開発は不確実性が高く何が正解かわからない中で、トライ&エラーを繰り返しながら進めていくやり方であり、そのためには適切なフィードバックと柔軟でスピーディーな対応が必要不可欠となってきます。

　このアジャイル開発を安定的に進めるためには、それに対応できる組織・体制が必要となり、外注に依存した仕組みでは、必然的に対応に時間がかかってしまいます。まずはできる限り「内製化」を図ることで開発プロセスを簡素化し、緊急の対応

なども迅速にできるようにする、というのがポイントになります。

　たとえばメーカーのバリューチェーンにおける内製化を進めた先には、「小さく始めて修正を繰り返す」といった高速のPDCAサイクルを回すことができるようになり、より市場のニーズにあった商品づくりができるようになります。

　アジャイル開発を実現するうえではもう1つ、「適切なフィードバックを得ること」も重要になります。これについてはID-POSデータなどから顧客を深く理解することが有効であり、投入した商品に対する消費者からの反応を改善材料にしていくというサイクルを、高速で回していく必要があります。

　そうしたプロセスを踏むうえで重要になるのは、やはり、「顧客をどれだけ理解できるか」ということに尽きます。でなければ、商品と顧客を最適な形でマッチングさせるという、流通業全体の役割を全うすることはできません。

　そこで有効となるのが、「ショッパーマーケティング」の実践です。

ショッパーマーケティングの重要性

　ショッパーマーケティングとは、その名が示すとおり、ショッパー（購買者）の嗜好や心理、店頭での行動を理解し、効果的な商品提案や販促活動につなげるというものです。要するに、「お客さまがどのようにして購入の意思決定に至っているのかを知ること」を指します。

　消費者が商品の購入を決めるタイミングは、4つあるとされ

図3_購入決定プロセス4つのポイント

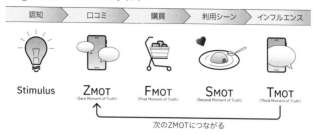

ています。

　まずは①ZMOT［Zero Moment of Truth］。たとえば、知り合いから「これおいしかったよ」と教えてもらったから買ってみようと決めた瞬間を指し、いわゆる「口コミ」によって購入意思が決定されるケースです。

　次が、②FMOT［First Moment of Truth］と呼ばれるもので、これは売場の棚の前で「今日はこの商品を買ってみよう」とその場で決めた瞬間を指します。

　そして③SMOT［Second Moment of Truth］は、「この前食べてみておいしかったから、今回も買っておこう」という場合。いわゆるリピート購買の瞬間にあたります。

　SMOTがさらに継続し"ファン化"に至ることを④TMOT［Third Moment of Truth］と呼びますが、これ自体はゴールではなく、このTMOTが他の人のZMOTを引き起こすというサイクルを回していくことがカギになります。前述のI-neの成功例は、まさにこのサイクルが生み出したものです。

　これら購入意思決定のタイミングに介入し、最適化を図るのがショッパーマーケティングのゴールとなります。

　ここで1つ例を挙げてみましょう。Aさんがある消耗品を買

ったとします。その商品を使い切るであろう数十日後のタイミングで、同じ商品のクーポンを発行すれば、リピート購買が期待できます。こうしたクーポン発行のタイミング最適化は、ECでは当たり前に行われていますが、リアル店舗ではなかなかできていないのが現状です。ショッパーマーケティングの考え方を取り入れることで、リアル店舗でも効率的なマーケティング活動を展開することができるはずです。

リテールメディアが
広告のムダを排除する

　トライアルグループがショッパーマーケティングを進めていくうえで、目下力を入れているのが店舗のメディア化、いわゆる「リテールメディア」の取り組みです。

　店頭に設置されているデジタルサイネージ（78店舗に計1900台導入／2023年7月末時点）や、セルフ決済機能付きのショッピングカート「スマートショッピングカート」（186店舗に計1万7000台導入、月間利用者約355万人／同）に備えているタブレットの

トライアルグループの店舗に導入しているデジタルサイネージ

生成AIは小売をどう変えるか？

画面、さらにトライアルグループ会員アプリ「SU-PAY（スーペイ）」や、レシート、ホームページ、LINEアカウントなど、あらゆるデバイス・媒体をメディア化し、お客さまに多種多様な情報を発信しています。

　このようにしてリテールメディアの取り組みを拡大していくにつれ、メーカーや卸からすれば、従来の売場や商品で使っていた販促費や広告費よりも、リテールメディアという新しい広告媒体に販促費や広告費を使ったほうが、消費者により効率的にリーチできるというメリットが生まれていきます。

　実際、アメリカではリテールメディアの広告売上高は510億ドル（約7兆円）という規模にまで上るとされており、成長市場として注目を浴びています。

　顧客データも活用しつつ、アプリやスマートショッピングカートの画面でお客さま一人ひとりに合わせた広告を“出し分ける”ことができれば、ここまで繰り返し論じてきた「消費の多様化」という課題に対応しながら、最適な商品を提案することができるのです。さらに、22兆円にも及ぶ「販売促進費・広告費のムダ＝その商品を買うはずのない人に広告を出してしまう」といったムダ打ちも防ぐことができます。

　加えて、「非計画購買」に対してもリテールメディアは効果を発揮します。非計画購買とは、あらかじめ買う予定のない商品を「つい手に取ってしまう」という購買パターンのことですが、すべての購買行動の実に8割ほどが、非計画購買によるものだとされています。

「この商品、気になるから買ってみよう」という心理は、店内で商品と相対しているときに強く働きます。家のテレビでCMを見たり、街を歩いているときに看板を見て気になったりした

としても、その商品が目の前にあるのとないのとでは、購買に
至る確率は大きく変わることはイメージできるかと思います。
つまり同じCM映像を流すにしても、店の外（自宅）のテレビで
流すよりも、買物の最中に売場のサイネージで見せたほうが、
お客さまは「買おう」という気持ちを抱きやすいはずです。

　テレビCMには膨大なコストがかかりますが、リテールメディアの取り組みにより、そのコストを軽減することができます。
その意味でも、リテールメディアは「広告費のムダ」を大きく
減らすことができるのです。

「消費」が変われば、「店」も変わる

　リテールメディアに代表されるように、消費の多様化ととも
に店のあり方、形も大きく変容を遂げています。メーカーが旧
来のマーケティング手法や供給の仕組を変えなければならな
いのと同時に、リアル店舗を有する小売業もまた、DXを推進
しながら、「新しい店舗」をつくっていかなければなりません。
　時代の流れとともに、社会や消費者のニーズは絶えず変わり
続けています。小売業はそのニーズの変化に合わせて、新たな
フォーマットを生み出してきました。それと同時に、時代にそ
ぐわなくなったフォーマットは衰退するというのもまた必然で
した。
　日本の小売業界の歴史を振り返ってみると、かつて都市部で
繁栄した百貨店は、鉄道駅の発達とともに地位を築きました。
しかし、人口の増加や所得の拡大とともに、主に郊外部で、よ
り大きな駐車場を持ち、多様な品揃えを提供する総合スーパー

（GMS）が台頭していきます。その後、バブル崩壊以降の景気悪化も手伝い、低価格を前面に打ち出すディスカウントストアが人気を博すようになりました。

　そうした中で現在、一部の百貨店やGMSは業績が大きく低迷しています。

　その背景の一つに専門店、いわゆるカテゴリーキラーの成長が挙げられます。ファストファッションの「ユニクロ」やホームファニシングの「ニトリ」、100円ショップの「ダイソー」などが代表格として挙げられます。

　カテゴリーキラーは、GMSに比べて特定のカテゴリーに関する商品の品揃えが豊富で、専門的な知識やサービスを提供することができるため、消費者からの根強い支持を受けるようになりました。その結果、本来はGMSが一手にカバーしていた衣料品や家具、生活雑貨といったカテゴリーがカテゴリーキラーによって侵食され、GMSの客足が減少することになったのです。

　さらに、消費者のライフスタイルや価値観の変化、インターネットやECの普及といった多様な要因も絡み合っています。

図4 _ 小売フォーマットを取り巻く変化

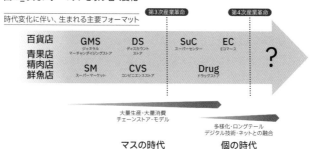

とくにECの登場は小売業にとって、リアル店舗の価値や魅力の再定義を求めるきっかけになりました。その答えを見出せないチェーンや業態は、今後その地位を失っていくことになるでしょう。

　食品小売業にフォーカスしても、同様のことが言えます。食品スーパーという業態が定着する以前の日本では、鮮魚店、精肉店、青果店といった複数の業種店を買い回ることが当たり前でした。しかし食品のワンストップショッピングを実現した食品スーパーの登場によって、消費者の買物行動は一変しました。

　しかし急速な社会環境の変化やライフスタイルの多様化に伴い、食品スーパーに求められる価値も変わってきています。

　たとえばまだ専業主婦が多かった時代は、複数店舗のチラシを見比べながら、より安く、より高品質な商品を求めてスーパーをはしごする、といった買物の仕方も珍しいものではありませんでした。しかし今では専業主婦の割合が減り、共働きの家庭が増えている中で、食品スーパーは「時間をかけて目利きをする主婦層に向け、安くて品質の良いものを提供すること」から、「時間がない中でも"おいしい食卓を守る手助け"をすること」へと、役割が変化していると私は考えています。

　大半の食品スーパーは、その方向性をめざさなければ、少子高齢化や人口減少の問題も相まって、厳しい経営を迫られることになるのではないでしょうか。しかし、そうした需要の変化に対応した成功例としての業態は出現していません。

　たとえば近年、「近さ」という価値を打ち出したコンビニエンスストアや、「より安く食品を買える」という価値を提供するドラッグストア（いわゆるフード＆ドラッグ）が台頭してきているものの、いずれも食に関するニーズを充分に満たせる業態とは

生成AIは小売をどう変えるか？

言えません。コンビニは単身・少人数世帯の食生活を支えることはできても、ファミリー層の食卓を支えられる品揃えではなく、フード＆ドラッグについても、生鮮食品の品揃えはまだ食品スーパーの域には達していない感があります。

　どの企業も今の時代に即した新しい店舗フォーマットを確立できていないという事実は、われわれも含めて既存の小売業にとっては大きなビジネスチャンスであるとも言い換えられるかもしれません。

　そこで1つポイントとなりうるのが、リアルとネットの融合です。

　中国では店頭でのセルフスキャン・決済システム、30分以内での無料配送、AIを活用したアプリ上での顧客ごとに最適な商品提案といったサービスや仕組みを盛り込んだ、「フーマーフレッシュ」という食品スーパーが数年前から注目を浴びています。買物に対して利便性や効率性を求めつつ、パーソナライズされた体験も得たいという消費者のニーズを、見事にすくい取ったフォーマットと言えます。

　新しいフォーマットを創造するうえで、「リアルとネットの融合」を志向することは、日本の小売市場においても不可避でしょう。

労働人口減少という不可避の課題

　他方で、未来の小売フォーマットを考える過程では、人口減少という問題を直視することは避けられません。

　日本に限らず世界的に見ても、今後数十年で人口減少が進行

するという予測が多くあります。国連のレポートによれば、今世紀中に世界の総人口はピークを迎えた後、徐々に減少していくとされています。

　先進国は総じて人口減少のスピードが上がることが予想されますが、日本はその先進国の中でもとくに高齢化が進んでいる国の1つです。2020年の政府統計によると、65歳以上の高齢者人口は全人口の28.8%を占めており、先進国の中でも突出しています。

　こうした人口減少と高齢化が進むにつれ、小売業が直面する課題は大きくなっています。小売業は物流、店舗運営、販売等の各過程において、大量の労働力を必要とする産業であるため、働き手が不足すれば運営が難しくなります。今後労働人口がさらに減少すると予想される中、小売業は高度なレベルでの自動化や効率化を、あらゆる作業プロセスで図っていかなければなりません。

　とはいえ、接客や品質管理など、完全な自動化が困難な業務も存在します。また、リアル小売業が販売チャネルを完全にオンライン化することも現実的ではなく、顧客ニーズを満たせるとも思えません。

　これらを考慮すると、小売業は運営の構造を根本から見直すことが求められるでしょう。最新のテクノロジーを理解し、活用しながら、新たな働き方やビジネスモデル、オペレーションを構築することで、人口減少時代でも安定運営ができ、顧客ニーズを満たせるようなフォーマットをつくり出すことが、最重要課題なのです。

店舗の「完全無人化」は不可能ではない

　そうした課題解決のために、われわれが開発・出店を進めているのが、「TRIAL GO（トライアル・ゴー）」という小型フォーマットです。「食のおいしさ」を「身近に」「便利に」提供することをコンセプトに据えています。

　このTRIAL GOでは最終的に、完全無人化をめざしています。つまり基本的には無人で運営でき作業場も持たないが、それでいておいしい食を提供できるというフォーマットです。

　とくに地方部では人口減少が顕著で、労働力の奪い合いが起きつつあります。都市部でも早晩、同じような状況になるでしょう。そうした環境下でも地域の生活を支えるライフラインとしての小売業の使命を果たし続けるためには、省人化・無人化の取り組みは不可避だと考えています。

　そこで現在、「AIカメラ」や「IoTセンサー」など最新のデバイスを店内に導入し、さらには酒類の無人販売を可能とした「顔認証セルフレジ」や、電子棚札と連動させ、値引きシールの貼付作業を行うことなく最適なタイミングで値下げができる「AIカメラ自動値下げ」といったシステムも開発し、完全無人化に向けた一つひとつの課題をクリアしていこうとしています。

　完全無人化の実現に至るまでには、まだまだ多くの作業プロセスやオペレーションに革新を起こさなければならず、今は入口に立ったばかりという段階ではあります。しかしすでに、レジを全台セルフレジ（一部店舗では顔認証システムにより酒類販売時の年齢確認も自動化）にした店舗では、キャッシャーの人件費はかかっていません。また、鮮魚や精肉、総菜はプロセスセンター

や近隣店舗から供給することで作業場をなくしたため、厨房機器を揃える必要もありません。これらの設備投資には本来、1店舗あたり3000万〜5000万円ほどのコストがかかっていましたが、それをゼロにすることができています。そしてその分を、完全無人を実現するための技術開発に投資しているのです。

　ちなみに、一般社団法人リテールAI研究会は、流通業におけるAI活用の度合いを6つのレベルに区切って公表しています（図5）。これは、店舗運営に人が関与する割合が将来的にどれくらい下がっていくかの推移をわかりやすく目安で記したものです。たとえば、人の関与度が100％の運営体制であれば「レベル0」、セルフレジが導入された段階になると「レベル1」となります。トライアルグループは現在、AIカメラやサイネージの導入、万引き対策が進んだ「レベル3」の段階に位置しています。

　そして今後は、AI活用をベースにしたカテゴリーマネジメントや、管理者の対応が原則不要となる「レベル4」へと進ん

図5＿完全無人店舗化までの道筋

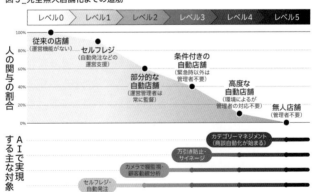

生成AIは小売をどう変えるか？

完全無人化をめざして出店を拡大している「TRIAL GO」

でいき、最終的には「レベル5」に到達し、「リベート」「営業支店」「商談」すらも不要となる、完全無人店舗の開発をめざします。

「近くておいしい」完全無人店舗

　TRIAL GOは完全無人化に加えてもう1つ、「食を中心とした高い商品力の実現」もめざしています。「従来のコンビニよりも、単身／DINKs世帯に対しておいしい食を提供できるか？」「従来の食品スーパーよりも、DEWKs（子供のいる共働き世帯）／ファミリーの食卓を便利においしくできるか？」──。大きくこの2つを提供すべき価値として位置付けています。

　前述のとおり、TRIAL GOは作業場を持たないため、近隣のスーパーセンターなどを「母店」として、そこで製造・加工された生鮮、総菜の供給を受けています。TRIAL GOのような小型店単独で製造・加工作業を行うとなると、販売数と製造ロットにどうしても不釣り合いが生じ、結果として品揃えを絞り込まざるを得なくなります。しかし、サテライト方式の商品供

給システムを採用することで、通常であれば絶対にできない、「高単価の『寿司盛り合わせ』を3パックだけ在庫する」といったことも可能になるのです。また、母店にとっても、製造総数が増えることは、人時生産性の観点でも大きなメリットが生じます。

　これまでトライアルは郊外立地の大型店舗が主力フォーマットであり、「近さ」というメリットを訴求することができていませんでした。TRIAL GOはそこにさらに「おいしさ」も掛け合わせることで、従来は打ち出すことのできなかった「近さとおいしさ」という要素をカバーし各エリアでのマーケットシェアを向上させる、戦略的フォーマットなのです。

　なお、さまざまな可能性を探るため、現在はコンビニサイズ、食品スーパーサイズなど、売場の大きさは固定せずにさまざまな形態で出店を進めています。また将来的には大手POSシステムメーカーとタッグを組み、TRIAL GOと同型の無人店舗の出店を日本全国で進めていく計画です。

　「『食』の用事を十分に満たすことができる次世代フォーマットの必要性」「高度なリテールAIレベルを実現した店舗づくりへの挑戦」という2つの課題解決をめざしつつ、われわれはTRIAL GOという新たな店舗フォーマットを創造し、第四次産業革命時代の食を支えていきます。

発注は本当に小売の仕事なのか?

　とはいえ、TRIAL GOはフォーマットづくりの真っ最中であり、まだ顧客理解による来店動機の生成が重要なフェーズでも

あります。しかし元来主力としてきた大型のスーパーセンターはまったく異なるフォーマットであるため、カテゴリーごとの管理をはじめ、これまでの習慣をなぞることはできません。

　そこで現在、TRIAL GOを軸として、カテゴリーごとに一部のメーカー・卸とともに、購買データをもとにした顧客理解の深化と、品揃えの最適化を図るという動きを進めています。この取り組みを、将来的に店舗網が100店舗、あるいは1万店舗まで増えたときでも安定的に運営できるよう、コンピューターを活用した仕組みに昇華していかなければなりません。

　そうした仕組みをつくり上げるうえで重要なのがECRの実現です。われわれはメーカーと流通業（卸・小売）が連携することでより良い価値を消費者にもたらすことをめざしており、具体的には次の4つの取り組みを行っています。

①Efficient Replenishment（効率的な補充物流）
　生産ラインから消費者の手元に至るまでの在庫フローを、EDIリンク（異機種のコンピューター間でもデータを伝送するシステム）による正確な情報フローで削減していく。

②Efficient Store Assortment（効率的な品揃え）
　サプライヤーと小売が目標とする顧客満足度と業績向上を実現する最適な品揃え・商品を決定する。

③Efficient Promotion（効率的な販促）
　消費者の需要に対するプロモーション製品のマッチングとプロモーションのベストミックスを開発し、少ない在庫で大きな利益を実現する。

④Efficient Product Introduction（効率的な新商品導入）
　消費者ニーズを十分に満たすことができる新商品の開発と、

導入プロセスを構築する。

　これら4つの取り組みを推進する中で、流通業においてこれまで当たり前とされてきた仕組みやプロセスが一変する可能性があります。

　たとえば発注業務は、小売企業が行うことが当然とされています。そして発注のシステムは人手を介すことを前提に固定化されているため、たとえば食品であれば納品のリードタイムは一緒であり、1日に100個売れようが1個しか売れなかろうが、発注→納品のリードタイムは変わりません。

　しかし完全無人店舗というフォーマットを実現できた暁には、それらを根底から覆すようなパラダイムシフトが起きてもおかしくはありません。人手をかけて発注する必要があるのか。AIやコンピューターによって発注も完全自動・無人化できないか。購買データをメーカーと共有することで、メーカー側が売上予測を立てて納品数を決定できないか。これまでの常識では考えられないような、革新的な発注・納品プロセスの可能性を議論できるかもしれません。

　そうなると、物流領域にも必然的にメスが入ることになります。日本の流通業界では、商品の移動にかかる物流コストについて、メーカー・卸側が負担するという慣習が根強く残っています。そのため小売店から「欠品しているので朝イチで納品してほしい」「1個売れたから1個補充してほしい」といった、物流コストに鑑みない発注もなされるわけです。

　しかし前述したように、完全無人店舗の実現によって既存の発注・納品プロセスが大きく変わり、各業務を担う人（企業）すらも入れ替わるようなことになれば、「この商品の売れ行き

からして、頻繁な補充は必要なく、1カ月に1回程度の納品頻度でいいのでは」といった提案がメーカー側から起こるといったこともあるでしょう。"物流のムダ"を解決するうえでも、TRIAL GOの完全無人化を急ぎたいのです。

GAFAMにもできない、非計画購買の"解明"

　ここで、先に少し触れた、非計画購買の重要性について詳しく解説しておきたいと思います。

　今日、私たちの社会における購買行動の大部分、実に8割が非計画購買によるものと言われていることは、前述したとおりです。

　TRIAL GOのような新しいフォーマットを創造するうえでは、購買データをもとにした精緻なマーケティング活動が重要であり、その中でも非計画購買を"解明"していくことが重要であることは、想像に難くないでしょう。

　蓄積したデータをもとに解明するというのは、いわゆるGAFAM（グーグル、アマゾン、メタ〈旧 フェイスブック〉、アップル、マイクロソフト）をはじめとするビッグテックが得意とする領域だと思われるかもしれません。

　たしかに彼らはデジタル技術を活用して大量のオンラインデータを収集しています。たとえば、グーグルの検索エンジンでは毎日何十億もの検索クエリが入力され、それらはすべて検索データとして蓄積されます。検索クエリは、ユーザーが抱えている興味、ニーズ、問題、意図を示したものであり、これを分

析することで広告主に対して非常に精度の高いターゲティング
を可能にします。

　また、アマゾンのオンラインショッピングプラットフォーム
も、ビッグデータを根幹とするものです。アマゾンはユーザー
がサイト内で行うすべての活動──どの商品を見たか、どれを
カートに追加したか、どの商品を最終的に購入したか、どれく
らいの時間を商品のレビューを読むのに費やしたかなど、すべ
てをデータとして記録します。これらを活用することで、アマ
ゾンは個々のユーザーの購買傾向を把握し、パーソナライズし
た商品提案を行っているわけです。

　このように、ビッグテック企業はユーザーの行動を正確にト
ラッキングし、そのデータを大規模に収集・分析することで、
結果として顧客のニーズを最大限に取り込もうとしているので
す。

　しかし、彼らのようなビッグテックでさえ、非計画購買デー
タを捉えることは簡単ではありません。リアル店舗をほとんど
有さないために、消費者の現場（店舗）での行動を直接観察す
ることができないからです。

　試行錯誤する動きはあり、たとえばグーグルは2017年にウ
ォルマートとのパートナーシップ締結を発表し、そこではグー
グルの音声認識技術を介してウォルマートの商品を購入できる
という新たな買物体験の提供が名目として挙げられました。し
かし両社の思惑はそれだけではなく、グーグルはウォルマート
から非計画購買を含む購買データを取得し、ウォルマートはグ
ーグルの豊富なユーザーデータとAI技術を利用するといった
"利益"を求めていたと筆者は見ています。

　しかし、結果としてグーグルがウォルマートの非計画購買デ

ータを効果的に取得することは難しかったとみられます。一般的に、パートナーシップのもとに共有される購買データは限定的であるためです。やはり自社でリアル店舗を有さない限り、リアルタイムな非計画購買データを獲得することは不可能に近いのかもしれません。

　それに対して、われわれトライアルグループは日本全国に約280の店舗を展開し、そこでの購買データを日々収集しています。また、顧客の会員カードを通じたID-POSデータを活用し、リアル店舗での非計画購買の特定も可能です。

　このようなリアル店舗でのデータドリブンなアプローチにより、われわれは消費者の購買行動の大部分を捉えています。そして、そのデータを活用して、非計画購買のパターンをより深く理解するための分析を進めています。そのプロジェクトは目下進行中ですが、リアル店舗の非計画購買に関するデータという貴重な資源を保有していることは、ビッグテックも簡単には模倣できないトライアルの強みであると言えます。

　データを蓄積することは可能ですが、データを活用するという出口に向かうことは容易ではありません。そこで活用に力を入れようとしているのが、昨今大きな話題を集めているChatGPTをはじめとした、生成AIの技術です。GAFAMにもウォルマートにもできないことを成し遂げて強みにするためには、生成AIの活用が不可欠だと確信しています。

生成AIは
流通業の救世主かもしれない

　ここまで説明してきたとおり、トライアルグループではさまざまな取り組みを通じて、現在に至るまでより良い買物体験をお客さまに提供できるよう努力してきました。

　日本国内ではこれからますます少子高齢化が進むことが予想されており、流通全体の効率化を進めていかなければ、地方の小規模の小売業は立ち行かなくなり、より良い買物体験どころか、買物する場所そのものがなくなってしまう、といった事態にも陥りかねません。

　そうした危惧に際して、TRIAL GOの完全無人化（「レベル5」）への挑戦は不可欠であり、それはテクノロジーによる流通改革の集大成になると考えています。

　ここ数年、無人店舗を志向する動きは、日本国内でも複数見受けられるようになりました。しかし、現時点で「完全無人」での運営を実現できている企業はありません。さらに言えば、完全無人を達成したところで、お客さまにとって「より良い買物体験が得られた」ということにならなければ、無人店舗の存在価値はありません。「多くのお客さまに支持される無人店舗」をつくることをゴールにすべきなのですが、それはまた至難の業ともいえるでしょう。

　お客さまだけではなく、メーカーや卸からの支持も得なければなりません。商品調達に難儀するようなことがあれば、お客さまが求める商品を揃えることができなくなり、客足が遠のき、やはり存在価値が低下してしまいます。

つまり、お客さまとメーカー・卸をつなぐ"最良のハブ"と
してTRIAL GOが機能しなければ、そもそも店舗数が拡大して
いくこともありません。ましてや、その過程で新たな流通のム
ダ・ムラ・ムリを増やしてしまっては本末転倒です。

　お客さまにも、メーカー・卸にもメリットを感じてもらえる
ようなフォーマットに仕上げていくためには、これまでのデー
タ活用の取り組みの範疇では限界がある。私個人でもそう思っ
ていたところに、まるで救世主のように登場してきたのが、生
成AIという新技術でした。

　では、TRIAL GOを完全無人化していく過程において、生成
AIをどのように活用し、組み入れていけばよいのでしょうか。

　まず、いきなり生成AIを、無人化をめざす過程での中核に
据えるのは現実的ではないと考えています。なぜなら、TRIAL
GOの目的は完全無人化を実現すること自体にはなく、お客さ
まにもメーカー・卸にもメリットを感じてもらうことにあるか
らです。完全無人化はあくまでも効率性・利便性を考えたとき
の手段であり、お客さまの近くで、ニーズを満たした高品質の
商品が手に入り、メーカー・卸からも商品を納品する価値のあ
る店（＝売れる店）をつくることが、前提条件なのです。

　そこで問題になるのは品揃えです。アマゾンのようなECサ
イトであれば、オンライン上の品揃えに対して、倉庫で適正在
庫を管理して後日配送するというオペレーションが構築できる
ので、ロングテールの裾野にあるようなニッチ商品も販売する
ことができます。しかし、リアル店舗の場合は、限られた売場
スペースの中で商品を厳選して並べていく必要があります。お
客さまが必要とする商品が店頭になければ、いくら完全無人を
謳ったところで、TRIAL GOを長期的に運営することはできま

せん。

　他方で、メーカー・卸としては、当然のことながら自社ブランドの商品を少しでも多く売りたいという心理が働きます。そのためこれまでリベートを支払って棚に置く権利を獲得していたわけですが、それでも商品がまったく売れなければ、棚落ちせざるを得ないという状況になります。

　それとは別軸の課題として物流があります。TRIAL GOは小型店であるため商品管理が難しく、在庫調整を誤るとすぐに欠品や廃棄を引き起こしてしまいます。だからといって、たとえば生鮮食品や弁当などの総菜を母店からある1店舗へ何往復も配送することはムダなコストにほかなりません。できる限り最短のリードタイム・最小の頻度を意識しつつ、商品管理をしなければならないのです。また、予期せぬ渋滞や災害などによって納品が遅れた場合など、ありとあらゆるイレギュラーな事象への対処法も検討しておくべきでしょう。

　このように、無人店舗を安定的に運営していくためには、店舗内のオペレーションだけでなく、製造、物流、在庫管理などにさまざまな"変数"が介在しています。到底、局所的な対応でどうにかなるものではありません。また、それぞれの変数を別のアプローチで最適化して、後からつなぎ合わせても、全体最適を実現できる保証もありません。こうした高難度な課題に対して、将来的に増加する店舗の出店計画を見越しながら、シミュレーションしていく必要があります。

　極端な話をすれば、無人店舗化を実現した先には、「店舗さえ必要ない」という見方がなされ、すべてのチャネルがECに置き換わるという未来もやってくるかもしれません。最良の買物体験とは「わざわざ買物に行かなくとも、商品の方から消費

者に近づいてくること」と定義できなくもないでしょう。もしかしたら、それが最も便利な未来の小売の形の1つかもしれません。

　しかし、人間活動において、外出するという行為がなくなる未来は考えがたく、買物を目的に外出するという行動も不変的でしょう。ただし、消費行動がモノ消費からコト消費、トキ消費などへと変化していると言われている昨今、とくに消費財をはじめとするコモディティ商品を買いにわざわざ出掛けるという行為は、少なくとも"最良の買物体験"とは表現できなくなるかもしれません。

　このように考えてみると、「レベル5」に到達した際のTRIAL GOは、モノ消費だけでなく、コト消費、トキ消費といったニーズにも対応している必要があります。お客さまが店舗に足を運ぶ理由が、今とは大きく変わっていることも想定しなければなりません。

　しかしながら、一足飛びにそのような状況になるとは考えにくく、制御不能な複数変数を最適化するという難解なパズルを一つずつ解き明かし、さらにそれらの条件を複合的にシミュレーション・計算した結果を、実際のオペレーションに反映し続けるという作業を繰り返すことになります。

　難解なパズルをすべて解くためには、リアル店舗を実際に運用することで実験を繰り返し、一つひとつの課題をクリアしていくしか方法はありません。そうした実験をいかに素早く、適切なタイミングでできるだけ多くこなせるかが、完全無人化へのカギになると考えています。それが実現できる可能性が高いのは、われわれのようにリアル店舗を運用している事業者であり、かつ、複雑な条件の実験を根気強く観察し改善していく力

のある事業者です。

「商売のノウハウ」を生成AIで継承する

　前置きが長くなりましたが、そうした制御不能な複数変数を最適化する——つまり一つひとつの細かい課題・パズルを解くときに、生成AIが本領を発揮すると筆者は考えるのです。

　まず、本章の冒頭で触れた流通のムダ・ムラ・ムリに対して、チャンスロス、配送コスト、リベートといった川下の小売側から見た大きなムダがあります。現在、チャンスロスに対しては、スタッフが欠品確認などを人手を介して対応することが多く、一部のカテゴリーのみ棚画像を読み込んで欠品判定を行っている状況にあります。また、配送コストに関しても、道路の交通状況の事前予測などはまだできておらず、1日の配送回数についても、工夫の余地がないのが現状です。

　さらにリベートに関しても、商品に対してお客さまがどの程度関心を持ってくれるかを、データを駆使して完全に把握しているわけでもありません。われわれとしても、商品を棚に並べたはいいが、売れなかった際のリスクを取れないため、リベートの慣習からなかなか脱却できないという現実があります。

　こうした各課題に対して、生成AI活用の可能性を探っているのです。

　まず、チャンスロスに対しては、全体的な需要予測の仕組みとして数理最適化問題を解くためのソルバーを3パターン実装

ソルバー……ある制約条件の下で目的関数を最大化または最小化する最適な解を見つけるためのツール。多くの実務問題に応用される。たとえば複数の店舗や倉庫を持つ小売業者の場合、需要予測や輸送コスト、在庫保持コストを考慮しながら、各店舗に最適な商品の配分量を決定する必要があるが、この問題を数理最適化問題として定式化し、ソルバーを用いて解くことで、最適な商品の配置や発注量を求めることが可能となる。

し、高機能なサーバーと弊社が独自に開発したデータベース「e³SMART®」を活用して、各商品の売れ数実績に応じて、予定の微調整を行う仕組みを開発しテスト導入を始めています。

　また、商品棚をカメラで撮影し、カテゴリーごとに商品の欠品検知を行う仕組みの研究開発も進めています。さらに、棚の写真を撮り、その写真画像の中からバーコードやARマーカーを読み込んで、棚割状況を確認する仕組みなども開発しています。

　しかし、このように複合的なデータによる商品監視を行いながらも、最終的にチャンスロスが起こる・起こらないの判断は、現状ではベテラン社員に委ねられています。

　そこで、生成AIを用いて、マルチモーダルなデータ群（売れ数の予定実績などを含む構造化データ、棚画像・棚写真から復元した棚割情報と事前登録した棚割データなど）から基盤モデルを構築します。その後、ベテラン担当者の判断という"暗黙知"をプロセスとして再現することが可能となります。

　もちろん、当初から完璧に再現することなどできないので、人間の判断を補完する程度の影響から始めていきます。そして、フィードバックを取り入れつつ、再現精度が高まっていくにつれて、人間の判断割合を少しずつ生成AI側に委ねていくことで、ことチャンスロスの課題に関しては、「レベル5」に近づけていけるのではないかと考えています。

　チャンスロスと同様に、配送コストの課題も、配送に関わるベテラン担当者の暗黙知をプロンプトとして学習していくのと併せて、彼らが判断に使用しているデータも洗い出して、判断の再現性を高めていきたいと考えています。

　リベートに関しては、まずは顧客理解を深めていくことが急

務であり、CX（顧客体験）をつぶさにトラッキングする仕組み
を構築しています。お客さまのニーズが理解できれば、お店を
利用されるお客さまのニーズの"総和"が、選定される商品の
対象に近づくと考えています。

　また、現在販売されている商品についても商品理解を深めて
いくことで、新商品が登場した際にも、過去に販売した類似商
品のライフサイクル（人気、購買傾向など）から、新商品がこれか
らたどる可能性の高いライフサイクルを予測することが可能に
なることを期待しています。

　このような予測精度を高めていくためには、商品データ、商
品画像だけでなく、カートの行動履歴や店舗での顧客行動デー
タなどさまざまなデータを関連させて、基盤モデルへと昇華す
る必要があります。

　そして、ここで最も重要となってくるのが、「商売ノウハウ」
の継承です。どんなにお客さまと特定の商品に親和性があった
としても、「買いたくなる雰囲気」が店に漂っていることが重
要です。店舗フォーマットに準じたオペレーションに対する有
識者の判断が生成AIによって再現されることで、洗練された
顧客情報や商品情報、店舗情報といった資産が生かされてくる
と考えています。

　視点を変えて考えてみると、これまでわれわれが蓄積したデー
タのほとんどは、「人が利用する」という点で再現性を失っ
てしまい、その有益な価値を十分に生かしきれなかったという
課題が見えてきます。そして、その共通する課題に対して、生
成AIが"ピースを埋める"ことで難解なパズルが完成し、「レ
ベル5」の実現に向けて加速していくものと期待しています。

　また、先述のとおり、「レベル5」の完全無人店舗が世の中

に浸透した暁には、コモディティ商材に関しては「リアル店舗で買うこと」の必然性はなくなり、その購買行動のほとんどがECに取って代わることになると想像しています。その際、現状のリテールメディアという考え方はあくまでも狭義であり、リテールそのものがメディア化すると筆者は考えます。

　現在においても、アパレル業界ではショールーミングなどの販売方法があり、リアル店舗はある種のエンタメ化が進んでいると捉えることもできます。そのため、モノ消費に関しては完全無人店舗でカバーできるとしても、コト消費、トキ消費に関しては、新たな付加価値を模索していく必要があるでしょう。そのためにもデータの利活用は不可欠であり、生成AIはそこに向かうための必須アイテムになっていくのです。

DX人材に求められるスキルとは

　今後、流通業でデータ活用をしたり、IoT機器を活用したりしていくということは今以上に「当たり前」になっていきます。

　逆に言えば流通業はこれまでの歴史の中で、データ活用がされていないがゆえの非効率な環境で争ってきたことになります。もちろん競争がなくなることはありませんが、これからはより効率的でデータドリブンな環境の中で競争が展開されるようになっていくでしょう。

　そこで活躍できる人材──「DX人材」は、データサイエンス、カテゴリーマネジメント、ショッパーマーケティングに関する知識や技術を高いレベルで習得している必要があります。たとえばデータサイエンスの領域では「Python（パイソン）」や機械

学習の知識、カテゴリーマネジメントでいえば売場の役割の理解や「CDT［Category Decision Tree：決定木分析］」と呼ばれる消費者の購買決定要因の体系的な理解が求められ、ショッパーマーケティング領域では行動経済学・価格差別・非計画購買についても詳しくなければなりません。

　小売業だけでなくメーカー・卸で働く人もデータを収集・整形して分析するリテラシーを持たないと、マーケティング活動を継続することは難しくなってしまい、それは「データを活用しないと生き残っていけない」ということを指しています。だからメーカー・卸・小売すべてが変わっていかなければならないのです。

何もしないことは衰退でしかない

　新しい技術が登場したときに様子見を続けるうちに、その新しい技術を取り入れて時代に適応した競合に後れを取り、気付いたら衰退している、といった事例は枚挙にいとまがありません。

　たとえば2010年に破産したアメリカのビデオレンタルチェーン大手「ブロックバスター」は、オンライン動画ストリーミングの台頭に目を向けず、また、ネットフリックスの提案した提携を断ったことなどが破産の一因だといわれています。旧来型の書店も、アマゾンをはじめとするオンラインショッピングの潮流に適応するのが遅れ、多くが業績悪化や破産を経験しています。

　しかし、同じようにオンラインショッピングという新しい流

れに対してうまく適応した事例もあります。

　ウォルマートはいわゆる伝統的なリアル小売チェーンですが、アマゾンのようなECの台頭に物怖じすることなく、オンラインショッピングプラットフォームの強化や、EC企業のJet.com買収などを通じてオンラインとオフラインの統合型リテールを推進し、いまでも小売業として世界最大手の地位をキープしています。

　アマゾンのようなディスラプター（破壊的イノベーター）の登場によりすべてが覆されるわけではなく、ある程度は「共生」の形が取られることもまた確かです。しかしながら、ウォルマートというリアル店舗の小売業がオンラインショッピングの波に淘汰されずに共存することができているのは、危機感を覚えてオンラインショッピングとの向き合い方を真剣に探ってきたからなのです。「何もしないこと」は「衰退」にほかありません。

　現代の消費者は多様で、そのニーズはより多岐にわたるものになっています。彼らの求める独自性と品質を満たすためにどう生成AIを活用するかを考え、小さな実験を繰り返しながらものにしていくことが重要です。いまのうちに生成AIの活用について試行錯誤を繰り返すことで、生成AIという新技術が市場で一般的なものとなったときに、競合他社に先んじて生成AIを活用したプレーヤーが、販促活動や製品開発でも成功を収められるのではないかと私は考えます。

第 2 章

新しいテクノロジー
との向き合い方

「ハイプ・サイクル」

　テクノロジートレンドは常に変化します。そして新しく現れたテクノロジーに対しては、過度の期待がしばしば寄せられます。われわれはそれらが単なるハイプ（誇大広告）なのか、あるいは本質的で実用化が可能なものなのかを見分ける必要があります。さらに、もし実用化できるのならば、投資がいつ回収されるのかについても考えなければなりません。つまり新たなテクノロジーは、期待と不安両方の側面を持っていると言えます。

　これに関して紹介したいのが、IT関連の調査会社・米ガートナー社が示した「ハイプ・サイクル」という図です。これは、テクノロジーやアプリケーションの成熟度、採用状況、そしてそれらが実際のビジネスの問題解決や新しい機会の創出にどれだけ寄与するかを視覚的に表現したものです。

　図6に示されているように、ハイプ・サイクルは5つのフェ

図6_「ハイプ・サイクル」の流れ

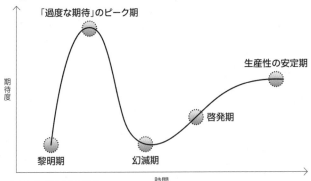

※ガートナー社の資料をもとに筆者作成

生成AIは小売をどう変えるか？

66

ーズから成り立っています。

　最初の「黎明期」は、新たなテクノロジーが誕生し、徐々に注目を集め始める段階を指します。次に、これまでに見たことのないような革新的な側面が強調され、数々の成功例が紹介されて「『過度な期待』のピーク期」に達します。

　しかし、その後の失敗例の増加により、「幻滅期」に移行します。この幻滅期では、概念実証（PoC）による試験や実装が行われますが、期待に反して十分な成果が得られないことが多く起こります。その結果、初期の期待は不安に取って代わられ、投資が回収できないのではないかという懸念が浮上します。これに伴い、テクノロジーへの関心が徐々に薄れ、その開発者たちは再編されるか、あるいは解散することになります。

　しかし、生き残ったプロバイダーたちは、イノベーターが残した課題を根気良く解消し、ユーザーが満足するようにテクノロジーを改善します。その結果、投資は続けられ、テクノロジーは次のフェーズへと進むのです。

　時間が経つにつれて、テクノロジーが企業にどのような利益をもたらすかを示す具体的な例が増え、その理解が広まる段階になります。これが「啓発期」と呼ばれる段階です。初期のバージョンから改良を重ねた第2世代、第3世代の製品がテクノロジープロバイダーから提供され、テスト投資を行う企業が増えてきます。しかしこの時点ではまだ、保守的な企業は慎重になっています。

　啓発期では、初期の「過度な期待」から変わり、現実に即した期待が徐々に高まり、テクノロジーの主流への採用が始まります。こうして、次の「生産性の安定期」へと移行していきます。プロバイダーの生存能力を評価する基準がより明確に定義

され、テクノロジーの適用可能範囲と関連性がはっきりし、投資が安定して回収される状態になるのです。これが、ハイプ・サイクルの大まかな流れです。

多くの失敗は、黎明期から「過度な期待」のピーク期を越え、そして幻滅期へと移行する過程で発生します。この変遷をアメリカの社会学者エベレット・ロジャーズが提唱した、消費者の商品購入に対する態度を5つに分類した「採用者分布曲線」に当てはめてみると（図7）、テクノロジーの採用とその期待度についての共通認識が見えてきます。

イノベーターはハイプ・サイクルの黎明期にテクノロジーを採用します。この時点では、テクノロジーの可能性への期待は極めて高く、また社会からの注目も大いに集まっています。しかしその一方で、新たに出現したテクノロジーはまだ実証段階であり、不確実性も多く含んでいます。これが「思っていたとおりにはいかなかった」といった問題や欠点が明らかになってくるフェーズであると言えます。

図7_ロジャースの採用者分布曲線

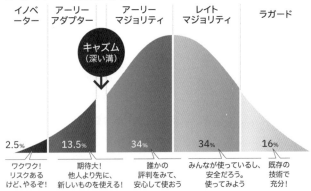

イノベーター	アーリーアダプター	アーリーマジョリティ	レイトマジョリティ	ラガード
2.5%	13.5%	34%	34%	16%
ワクワク！リスクあるけど、やるぞ！	期待大！他人より先に、新しいものを使える！	誰かの評判をみて、安心して使おう	みんなが使っているし、安全だろう。使ってみよう	既存の技術で充分！

キャズム（深い溝）

アーリーアダプターにとっては、新しいテクノロジーの初期の問題や欠点が明らかになることで、一部の洞察力ある人々がそのテクノロジーの実用性を疑い始める可能性が出てきます。これはハイプ・サイクルの「幻滅期」に相当し、テクノロジーへの期待は急速に下落します。しかし、この段階の「キャズム（深い溝）」を越えてテクノロジーを改良し続けることで、早期の多数派であるアーリーマジョリティがその新しいテクノロジーの採用を開始します。

　さらにテクノロジーが継続的に改善され、さまざまな問題が解消されると、より保守的な「レイトマジョリティ」もテクノロジーの採用を始めます。この段階は、「啓発期」に対応し、新しいテクノロジーがより広範に理解され、受け入れられるようになります。

　このフェーズでは、ほとんどの人々の間にこのテクノロジーが浸透し、その価値が広く当然のものとして理解されるようになる「生産性の安定期」フェーズに対応したと言えます。

スマートに失敗しよう

　新しいテクノロジーへの期待とその採用者の広がりは密接に関連しています。過去には、登場したテクノロジーが同様のフェーズを経て、単なるハイプと受け止められ幻滅期に落ち込んだものや、逆に地道な改善を重ね「啓発期」を経て、「生産性の安定期」に到達したものとが存在します。

　しかし、新たに出現したテクノロジーが、結局は衰退するのか、それとも広く受け入れられ、当然のように理解される「本

質的なもの」になるのかは、現代の不確実な状況下では簡単には判断できません。では、どのようにしてその判断が可能になるのでしょうか。

　私たちトライアルグループが重視しているのは、まさにイノベーターとして、またアーリーアダプターとしてテクノロジーの黎明期から参入し、多くの「失敗」を経験することです。それによってテクノロジーの本質を理解し、その実用化が可能かどうかを学んでいくのがわれわれの文化だと言えます。"失敗に学ぶ"とは、単に失敗した結果を悔やむのではなく、その失敗から何かを学び、自身の知識や理解を深め、将来の行動を改善することを意味します。これは、とくに新しいテクノロジーやイノベーションの分野で重要な姿勢となります。

　新しいテクノロジーに対して受け身でいると、潜在的な可能性や将来への突破口を見逃してしまう可能性があります。失敗することで叱られたり、恥をかいたりすることは誰しも避けたいと思うでしょう。しかし、失敗を恐れて行動しないでいると、新たな学びや成長の機会が得られません。

　そのためトライアルグループは、失敗を恐れずに挑戦することを経営哲学の1つとしています。失敗は避けられないものと受け入れ、それを通じて新たな知識や理解を得るという視点を持つことで、失敗自体が貴重な学びの源となります。これにより、新しいテクノロジーやアプローチに対する理解を深め、次回の挑戦でより良い結果を得ることが可能になるのです。

　そうしたプロセスを踏むうえでとくに重要なのが「敏捷性」です。新しい技術やトレンドに対する反応速度、すなわちアジリティが求められます。他社が成功を収めてから挑戦を開始しても、すでに市場は飽和状態にあるかもしれません。そのため、

テクノロジーのハイプが高まる初期段階で、多くの挑戦と失敗を経験することが重要となります。これにより、傷が浅いうちに失敗を経験し、それぞれの失敗から学んでリスクを最小限に抑え、素早く次の挑戦にシフトすることが可能になるのです。

　これは「スマートに失敗する」ことの重要性を示しています。つまり、失敗は避けられないものとして受け入れつつも、大きなダメージを避けるような形で失敗する。これにより、すぐに立ち直って新たな挑戦に臨むことが可能になり、最終的な成功につながるのです。

「スマートに失敗する」とは、目的を明確に維持しながら挑戦することを意味します。新しい技術の評価や検証に取り組むときは、その技術が自身の達成したい目的にどのように貢献するのか、そのためのKPI（重要業績評価指標）は何であるのか、そしてそのKPIを達成するための具体的な条件は何か、を常に意識することが重要です。

　また、新しい技術への過度な期待により、設備投資を急いだり、専門知識を求めて急いだりすることは避けるべきです。本質を理解することが先決で、特定の道具（ツール）や他人に頼るのは具体的な成果を検証する段階に入ってからで十分です。

　そうすることで、小さな失敗を経験しながら学ぶことができ、無駄な投資を追求するリスクや、過度な期待値から生じる混乱を避けることができます。初期段階では、可能な限り少ない人数とコストで失敗を繰り返し、その中から学びを得ることが重要です。

　そのうえでその技術に見込みがあると判断された場合、損失を最小限に抑えつつ、比較的大きな実験も行っていくことも検討します。しかし、その見込みが共有されているかどうかを確

認するためには、期待値のコントロールが重要となります。

　失敗を一つも無駄にしないという姿勢は、学びと成長を続けるうえでの基石となります。新しいテクノロジーを用いた実験や挑戦は、その過程で数々の失敗を伴います。しかし、それらの失敗がわれわれにとって無駄になることはありません。なぜなら、われわれは失敗の原因を正確に理解し、次の行動に生かすための知識と経験を重視するからです。

　これは、なぜ失敗したのかを正確に理解することが、失敗を価値ある学びに変えるための前提であるからです。それがないと、その失敗自体がただの間違いとなり、同じ失敗を繰り返すだけで、学びにつながりません。この正確な理解を得るためには、技術や市場、ビジネスモデルなどについての深い知識と、それを生かすための経験が必要です。

　もちろん、すべての必要な知識が組織内に存在するわけではありません。その場合は、外部の有識者に「教えを乞う」ことも重要になります。しかし、ただ教えてもらうだけではなく、その教えを受け入れ、組織全体で学び、それを次の行動に生かすことが求められます。

　これらのプロセスを通じて、失敗を一つも無駄にせず、絶えず学び、成長し続けることができます。失敗は避けがたい存在ではありますが、その原因を正確に理解し、学びと成長の源泉に変えることで、常に前進し続けることができるのです。

基幹システム刷新と
カメラ画像処理システム

　実際、われわれトライアルグループも数多くの「失敗」を経験してきました。参考までに、いくつかの印象的な失敗事例を挙げましょう。

①システム導入の失敗

　トライアルグループでは長年、基幹システム開発にさまざまなテクノロジーを用いて改善を重ねてきました。オンプレミス上で稼働するデータベースを用いたデータ処理では大量のデータが扱えなくなり、当初は大手ベンダーのパッケージ導入も検討しましたが、さらなる検討・実証の結果、データベースの内製化へと舵をきることになりました。

　その後も、基幹システムの大幅な刷新は何度か検討されたものの、技術面の課題を乗り越えることができず「失敗」を繰り返してきた経緯があります。それでも内製化を進めた結果として、独自開発のデータベース「e³SMART®」と、店舗向けハンディ端末の「PACER®」が生み出されました。

②カメラ（画像処理システム）の失敗

　トライアルグループでは、店内の状況を把握することで最適な業務オペレーションを行っていくために、店舗に数十台から数百台のカメラを設置しています。お客さまの行動や商品棚の状況を撮影し、そこで蓄積した動画や静止画データに対して、

ディープラーニングを用いて分析を行ってきました。この領域についても、数多くの失敗を繰り返してきました。

　まず、売場の平台に陳列されているバナナや総菜などについて、欠品していないかどうかを確認するため静止画を分析する「平台欠品検知エンジン」の実験です。このシステムは具体的に、ディープラーニングを利用して、カメラからの静止画をもとに欠品している領域を検出、その領域情報をGPU（画像処理装置）を搭載したサーバーに転送すると、「欠品検出効果図」が生成され、認識された結果をデータベースにデータ投入する、という仕組みでした。

　結果として、この平台欠品検知エンジンに関しては大きく３つの失敗が生まれました。１つは、ディープラーニングによる領域検出の精度が低かったこと。２つ目が、欠品が発見できたとして、それを実務に反映することができなかったこと。そして３つ目が、カメラの製造費が嵩み、全店導入が現実的ではなくなったことです。

　他方で、カメラによるレジスキャン漏れ分析も試行していました。レジ上にカメラを設置して撮影し、GPUを搭載した店内サーバーに静止画を転送、それに対してディープラーニングを用いて、異常と判断された行動に対して従業員が現場を確認するというものです。革新的なチャレンジではあったものの、結果として類似商品の分類がうまくできず、実用には至りませんでした。

　また、カメラを用いた定番棚の欠品検知についても、さまざまな実験を繰り返し多くの失敗をしてきました。定番棚の場合は、商品やカテゴリーごとに対策も異なるため、実験も多岐にわたりますが、結局は検知精度の低さが課題となりました。棚

画像は性質上、対面の棚にカメラを設置して斜めに俯瞰する形で撮影するため、棚の手前に置いてある商品はカメラで検知できるものの、奥にある商品を検知することは難しかったのです。

秤を使って検知する方法や、複数台のカメラを投入して把握する方法などさまざまな実験を繰り返したものの、現時点では汎用的に使えるような仕組みはできていない状況です。

そのほかにも、密集した状態での商品検知や、お客さまの通路上での通過・滞留を認識する仕組み、さらにはそのお客さまを特定するパーソンマッチの仕組みなど、100を超えるカメラを通じた実験を繰り返してきました。

しかし結果として、カメラを用いた動画・静止画の撮影による実験のうち、全店に導入された仕組みは今のところなく、社内での実証実験の域を出ていないものがほとんどです。

前述のとおり理由はそれぞれありますが、共通課題として最も大きいのは、設備投資に対する効果が最適化されていないという点です。もともとカメラ自体も弊社で設計し製造していたのですが、汎用的な用途を想定して設計すると部品代が高くつき、一方でコストを軽減したカメラでは用途が制限されてしまい、画像の解像度などが低かったり安定しなかったりと、下流タスクの分析の精度が劣化してしまうという状況もありました。

また、ディープラーニングを用いた特定の手法一辺倒になってしまい、特徴量エンジニアリングなどが十分に行われないまま実験していたことも、精度が振るわなかった要因の一つと分析しています。

> **特徴量エンジニアリング**……機械学習モデルのトレーニングと予測に必要な入力値を最適化するプロセス。小売業における「特徴量」には、店舗の立地、販売履歴、季節、祝日前後などの情報が含まれる。たとえば商品の説明や売上データから、最も関連性の高い情報を抽出し、それを機械学習モデルの入力用に整形する。このプロセスは、データ分析の技術とビジネスドメインの知識、さらに直感を組み合わせる必要があるため非常に複雑であり、重要な情報を見逃さないためには、専門家との協力や十分な事前調査が不可欠となる。

それでも、カメラ活用のノウハウと、さまざまな画像データが蓄積されたことは、成果として大きいともいえます。また、最近ではAIカメラを使った自動値下げシステムの開発などにもそうしたノウハウが活用されています。

トライアルでの「失敗事例」②
店舗運営ノウハウの
AI化プロジェクト

　トライアルグループには社員から「商売の神」と崇められている一人の敏腕社員が在籍しています。一度彼が店に入り、数カ月が経過すると、驚くべきことに店の売上が改善しているという、まさに神憑かった能力をもった人物です。いつしか彼のことを「顧客心理学者（ショッパー・サイコロジスト）」と社内で呼ぶようになり、ノウハウを得て売上を改善したいという社員たちが、こぞって彼のもとに集まり、教えを受けるようになりました。

　実際、彼から学んだ数人の若手社員たちは、彼の教えに忠実に倣い、自分の担当する店の売上を改善していくようになりました。彼を中心とした集団が、今日のトライアルグループの成長の一翼を担ってきたといっても過言ではありません。

　しかし、年々店舗数が拡大する中で、彼に教えを受けていない社員たちも店舗運営に参画するようになりました。社内の研修教材にも彼の教えを盛り込んではいるものの、ノウハウの本質的な部分は、直接的な指導を数カ月にわたって受けなければ体得できるものではありませんでした。

そのため徐々に、彼のノウハウが行きわたらないようになり、売上が思うように伸びない店が出てくるようになったのです。それとともに、「顧客心理学者」と呼ばれた彼のノウハウは徐々にトライアルグループの店舗運営戦略の中で薄らいでいきました。

　ところが2017年ごろ、世間でAIブームが起こり、われわれもAI活用を本格化していたタイミングで、「彼のノウハウをAIで再現できないか」という声が社内で上がったのです。そして、「SPAI〔Shopper Psychologist AI〕」というプロジェクトが誕生しました。

　SPAIプロジェクトの取り組みテーマは大きく、「マッピングAI」「商品選定AI」「展開時期AI」「売場づくりAI」の４つに分かれていました。

　まず「マッピングAI」は、その店舗と競合する他企業店舗の位置関係、値付けなどの状況をもとに店舗属性を定義して、戦略パターンを各商品カテゴリーの陳列方針に落とし込むというものです。

「商品選定AI」は、店舗の状況などに基づき提示された商品カテゴリーの陳列方針を、これもまたルールベースで具体的な単品レベルに落とし込むというものでした。

　そして「展開時期AI」は、ID-POSデータをもとに今後の変化を予測し最適な展開時期を判定するというもの。最後の「売場づくりAI」は、カメラを用いて提示された商品ごとの陳列方針を具体的な陳列作業へ落とし込むものでした。

　これらの４つのAIを用いて、モデル店舗の１日の買い上げ点数を改善するという目標に対して、具体的な数値をKPIとして立てて実験を繰り返しました。実験の中で、カテゴリーや売場

作りなど細かく要素分解しながらKPI達成をめざしたのですが、単一カテゴリーでは結果が出るものもあれば、ほとんど変化のない商品などもあり、再現性に欠ける結果となったのです。

　たとえば、グロサリー部門における商品選定AIの実験の例では、商品選定にて陳列を推奨した商品の中で64％が実際に採用された、という結果が得られたことがありました。64％を商品数に換算するとおよそ100商品で、非実験店舗と比較してこの効果は５％の伸長ということで商品選定AIの実効性が示されたように見えました。しかし、他店での再現性を持たせることは難しく、結果としてアルゴリズム自体を個店ごとに変更する必要があるという状況で、本質的に「顧客心理学者」を再現できたと言えるような結果には至りませんでした。

　商品選定AIではこのほかにも、個別のチューニングがさまざまな形で行われ、それに伴ってモデルのメインアルゴリズムさえも改修せざるを得ないような状況で、とても汎化性能を維持できるような状況ではありませんでした。

　今考えると、この時点での失敗ポイントは大きく２点ありました。

　１つは、前提条件の揃え方が曖昧だったという点です。効果検証を行う際にはいくつかの比較実験手法がありますが、そうしたロバスト性（堅牢性）に配慮した視点が不足していました。実験していたメンバーたちは、局所的なテーマの実験計画を議論の余地もなく進めていたため、実験結果として何が正解で何が間違っているのかを正確に把握することができなかったのです。

　確かに店舗間比較は、店舗の商圏状況が異なり、またサンプルサイズも小規模なので、オンラインのRCT（ランダム化比較実

験）のように簡単に二群を見分ける実験が難しいということはあります。しかし前提条件を整理しておくことで、ある程度のバイアスを抑えた形での実験は可能だったのではないかと考えています。

　2点目の失敗要因として、線形型思考プロセスを画一的なルールベースのアルゴリズムで固定化してしまったことが指摘できます。ここでいうところの線形型思考プロセスとは、一つの原因から一つの結果が生じるという、直線的な思考のことを指します。具体的には、「A店での成功事例をB店に持っていっても、必ず成功するわけではない」ということです。

　SPAIプロジェクトで最も重要なことは、顧客心理学者である彼が持つ暗黙知を形式知化することで、彼の柔軟な判断を非線形型思考プロセスに落とし込むことにありました。彼のノウハウはそもそも線形ではなく非線形、つまり一つの原因から複数の結果が生じる、または多くの要因が絡み合って一つの結果を生むような複雑なものでした。ところが私たちは、彼のそれらの多岐にわたる経験や知識に基づく深い洞察を、単純な「もし～ならば～」といった画一的ルールに落とし込んでしまったのです。

　そのため、この単純化したアプローチでは、彼の持つ柔軟な判断や深い洞察を正確に再現することができませんでした。そして、当時は技術的にも大変難易度が高く、そういった発想自体を実験メンバーたちは持っていなかったのです。

　しかしながら、そうして多くの実験と失敗を繰り返す中で、個別のタスクに対する仮説や、実験時にフィードバックを受けた顧客心理学者の行動・発話などをまとめた動画データが蓄積されたことが成果として残されています。

技術開発は
あくまでも「手段」でしかない

　このように、トライアルグループでは、創業以来さまざまな
チャレンジを行い、多くの失敗を繰り返してきました。しかし
ながら、ほとんどすべての実験が「実証実験」にとどまってし
まったのには、いくつかの共通する理由があり、それらを具体
的に明らかにしていく必要があると考えています。

　大きな理由の1つには、初期段階では明らかな技術力不足が
あった点が挙げられるでしょう。しかし実験と失敗を繰り返す
ことで、各プロジェクトに参画する技術者のスキルは確実に磨
かれ、技術力不足については今は解消されてきたと言えます。

　とはいえ、まだいくつかの課題が残されており、それらを解
消しなければ、十分な効果を生み出すことにはつながっていか
ないと考えています。私が現時点で重要だと捉えているポイン
トはいくつかあります。

　まず、タスクに対する明確な範囲設定と、期待値コントロー
ルが必要だということです。とくにAI関連の実験においては
これまで、範囲設定が明確になっておらず、どのような前提条
件のうえで、どういった手法で実験計画を達成するのかが決め
られていませんでした。その要因は、当時の技術・経験不足も
ありましたが、それ以上にオペレーションに対する理解が十分
ではなかったと、今にして思えば理解できます。

　たとえば、カメラを設置することで、最終的にどういった価
値が得られるのか。人時が減るのか、顧客理解が深まるのか。
そのようなゴール設定が不明瞭だったために、"技術志向"な

実験が先行してしまっていたような感覚を持っています。

　また、SPAIの活動においても、顧客心理学者である彼のノウハウやテクニックだけを継承の対象としてしまいました。本来は彼が考える店のあり方、お客さまに接する態度、従業員との向き合い方なども含めてSPAIを再現しなければなりませんでした。小手先のテクニックだけを模倣しても思うような効果が得られないことは、今になって思えば当然でした。

　われわれトライアルグループの本質的な目標は、お客さまにすばらしい買物体験を提供することであり、それ以外のことはすべて手段であり目的ではありません。しかし技術開発に傾倒することで次第に本来の目的から遠ざかり、「技術を理解すること」が目的にすり替わってしまったところがあるのかもしれません。これこそ、失敗を繰り返してきた中で得た教訓と言えます。

　トライアルグループとして、ハイプ・サイクルの黎明期に新たな技術を用いた実験を行うことは、その技術の真価を誰よりも早く理解し、いざ活用するとなった段階で、慌てずに判断できるようにしておくためです。そして、この実験においてわれわれのアドバンテージとなっているのが、私たちが店舗を持ち、実際に運営する環境を持っているということです。これがあることで、早々に実験を繰り返し、新たなテクノロジーに対する理解を深めることができるのです。

　今の段階では、基盤システム開発も、カメラ（画像処理）の活用も、SPAIプロジェクトも、「失敗」の状況に変わりはありません。しかし、たくさんの失敗をしたことで得られた知見は、次の段階で大きな財産となります。「ハイプ・サイクル」における黎明期の段階でいかに素早く多くの失敗を繰り返せるかが

重要だと考えます。

　そして、小さく素早く失敗するためには、いきなり大規模な設備投資などを考えずに、今できる範囲の低予算で進めるべきです。予算がなければ人も雇えず、どうやって実験をするのか、という声も上がってきそうですが、実験のためには、適応範囲をしっかりと決め、前提条件や議論の余地を残しておくことが重要なポイントだと考えます。そうすることで、全員の期待値をコントロールし、この投資によって、このリターンを得られそうだという目安を組織の共通認識として醸成していくことができるのです。

ChatGPTも「幻滅期」に?

　このような考え方を前提にトライアルグループは現在、ChatGPTを代表する生成AIの活用に関する実験に注力しています。

　ChatGPTは、2022年11月にOpenAIが提供を開始したAIチャットサービスです。リリースからたったの2カ月で1億人のアクティブユーザーを達成し、その成長の速さは驚異的です。

　ChatGPTは正確には、Generative Pretrained Transformer（GPT）を用いた大規模言語モデルの一つで、自然言語処理（NLP）タスクを扱います。これにより、ユーザーの入力（プロンプト）に対して、自然な会話を生成することができます。

　現行（2023年7月現在）のモデルである「GPT-4」は、インターネット上の大量のテキストデータから学習を行ったもので、従来の言語モデルとは一線を画しています。特定の情報源や文

生成ＡＩは小売をどう変えるか?

書から直接的に学ぶのではなく、あらゆる種類のテキストパターンを理解し、それをもとに新たなテキストを生成する能力を持っています。

　ChatGPTを含む生成型AIは、登場当初から熱狂的な人気を博しましたが、一時期と比べるとその勢いは少し落ち着いてきているように感じられます。図8に示しているのは、2023年6月末までのGoogleトレンドによるChatGPTの検索回数（アメリカ国内）の推移を示すグラフです。ピーク時に比べて、検索回数は約60％に減少しています。この傾向は日本でも同様で、6月末の時点では検索回数がピークの50％以下に落ち込んでいます。

　これらの傾向から、生成AIに関するハイプ・サイクルはすでに「過度な期待」のピークを超え、「幻滅期」に移行しつつあると考えられます。それに続く啓発期に向けて、引き続き改善が重ねられるフェーズが訪れると考えられます。

　あれだけ話題となったChatGPTすらも幻滅期に移行してい

図8 _ 「Googleトレンド」による米国での「ChatGPT」の検索数

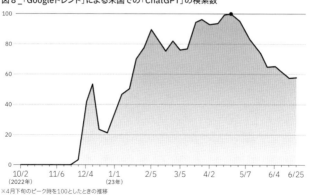

※4月下旬のピーク時を100としたときの推移

るという事実は、本章で挙げたハイプ・サイクルの普遍性を示しています。

　しかし、繰り返しになりますが、早期に新たなテクノロジーに触れることなく、その深い理解を得ることなくして、そのテクノロジーを広く安定した事業運営に生かすことはできません。

　だからこそ、ハイプ・サイクルのフェーズにとらわれず、私たちは生成AIの利用を事業改善の一環として見据え、活用の術を積極的に考えています。そしてすでに、さまざまな概念実証を通じて、過去の失敗から学び、効果的な活用方法を見つけ出すことに成功しました。次章からは、その具体的な方法論などについて詳しく説明していきます。

第 3 章

生成AI活用の
道筋

大規模言語モデルとは何か

　2023年、大規模言語モデルが急速に進展しました。「ChatGPT」などの生成AIやマイクロソフトの「Bing」、Google検索における「Bard」など既存サービスへの組み込みが、多くの人々に大規模言語モデルを活用した製品やサービスに触れる機会を提供しました。

　そうした製品やサービスが話題を集めるのに対し、その具体的な仕組みについてはあまりフォーカスされる機会がなかったように思えます。そこでまずは、ChatGPTなど生成AIのベースともなっている大規模言語モデルの概要と意義について、詳しく触れておきます。

　大規模言語モデルの背後には、トランスフォーマーモデルという革新的な技術があります。これによって文中のすべての単語間の関係を同時に考えることが可能になり、人間らしい文章の生成ができるようになりました。

　では、従来の言語モデルと大規模言語モデルの違いは何か。なぜ大規模言語モデルが以前のものよりも多岐にわたるタスクを処理し、課題を解決できるようになったのでしょうか。

　ChatGPTのような大規模言語モデルは、職場の同僚に質問したり指示を出したりするような自然な方法で、特定のタスク（プロンプト）を達成する能力を持っています。一方、従来の言語モデルは、より基本的なレベルで、「ライオン」という単語が

トランスフォーマーモデル……自然言語処理の分野に革命をもたらしたディープラーニングモデルの一つ。「自己注意機構」というプログラムを核に、文章の単語間の関係性や文脈を高度に捉える能力を持つため、文章に対する深い理解が可能となる。また、大量のデータを高速に処理するのに適しているほか、位置エンコーディングの導入により単語の系列情報も考慮されており、文中の単語の位置や順序が持つ意味を正確に捉えることができる。ChatGPTやBardといった大規模言語モデルの基盤にもなっており、現在の自然言語処理技術の主流である。

「犬」と「猫」のどちらに近いかといった単純な類推程度の処理しかできなかったのです。

　この限定的な能力は特定のタスクには効果的でしたが、大規模言語モデルに比べると明らかに制約がありました。大規模言語モデルはトランスフォーマーモデルによって、はるかに広範なタスクを処理する能力を有しており、人間に近い言語理解と応答能力を実現しています。この進化により、言語処理の領域において新しい可能性が広がったのです。

　大規模言語モデルは、複雑で長い文脈の会話も容易に理解し、それに基づいた適切な応答を提供できるため、要約する能力にも優れています。微細な言葉のニュアンスや比喩表現を、文字どおりに受け取るのではなく比喩として理解する能力も有しており、特定の文化的背景の持つ意味や隠された意味の読み取りも可能です。そして、これらの能力は特別な教育を受けることなくもたらされているのです。

「ゼロショット学習」と「フューショット学習」

　大規模言語モデルが大きく注目される理由の一つには、「ゼロショット［Zero-Shot］学習」や「フューショット［Few-Shot］学習」と呼ばれる、限られたデータでの学習や、そもそもデータがまったくないカテゴリーも認識する手法を実現していることです。

　これは、訓練データに具体的に示されていない内容でも、抽象化された知識を適用し、適切に応答できることを意味します。

この能力によって、さまざまな言語のテキストを理解し、それに基づいた応答を生成することができ、ほとんどの言語に対応することが可能となっているのです。

言い換えれば、大規模言語モデルは未知の新しい問題に対しても、すでに学習した知識を適用して答える能力があるということです。これはまさに、人間が持つ新しい問題を解くための推論力や判断力に似ていると言えます。

ゼロショット学習の厳密な定義は、特定のクラスに対する訓練データが存在しない状況で、それらのクラスを正しく分類する能力を指します。この手法は、クラス間で共有される<u>セマンティック属性</u>を使用し、異なるモーダル（情報源）間での知識の転送を行い、未知のクラスに対しても訓練データで学習した属性や特徴を適用することによって達成されます。

少し専門的な話なので、わかりやすい例を挙げましょう。

たとえば、犬や馬、車の写真を示し、それぞれを学習させるとします。「これが犬だよ」「これが馬だよ」「これが車だよ」と、一つひとつ教えていきます。その後初めて、猫の写真を見せて「これは何だと思う？」と問いかけるとしましょう。

通常の機械学習モデルでは、猫の写真は見たことがないので答えられません。しかし、ゼロショットまたはフューショット学習を用いた大規模言語モデルならば、猫の写真が犬や馬と似た特徴を持つ動物であることを推測できます。人間が「これは犬や馬に似ているから、車ではなく動物だろう」と推測するのと同様に考えることができるのです。

とくにゼロショット学習は、初めて遭遇するものについて推

セマンティック属性……オブジェクトやクラスの抽象的特性や性質を定量的・質的に記述する情報のこと。複数のクラス間の隠れた関連性や構造を明示的に表現し、とくにゼロショット学習などのタスクにおいて、未知のクラスに対する知識の拡張や推論の基盤として用いられる。たとえば、動物のクラスに関して「有翼」「陸生」「肉食」などの属性を用いて、種間のセマンティックな関係性を捉えることができ、これにより限られた情報からより広範な認識や判断が可能となる。

測するプロセスに似ています。たとえば、未知の動物を見つけたとします。その動物が猫に似ているか、犬に似ているかを推測できるのは、過去に犬や猫の特徴を学んでいるからです。この未知の動物と学んだ知識を比較することで、何に似ているかを判断することができます。これがゼロショット学習の基本的な考え方と言えるでしょう。

　一方のフューショット学習の考え方は、初めて訪れたスーパーマーケットでいつも買っている商品を探すプロセスに似ています。たとえば、ある人がふだんから行く「スーパーマーケットＡ」でよく買う特定のブランドのジャムがあり、その人が新しく開店した「スーパーマーケットＢ」を初めて訪れた際、同じブランドのジャムがどこにあるのかわからないとします。

　ここでフューショット学習の原則が適用されます。この人は、以前のスーパーマーケットＡでの経験から、ジャムが通常どのような場所に陳列されるか、他のどの商品の近くにあるかといった情報を持っています。これらの手がかりをもとにすれば、スーパーマーケットＢでも少し探索するだけで、同じジャムを見つけることができるでしょう。

　この状況は、新しい環境で少量の情報（新しいスーパーマーケットの商品配置）をもとに、以前の経験（ふだんのスーパーマーケットでの買物のパターン）を適用して目的の商品を探し出す、フューショット学習のプロセスに似ています。

　フューショット学習はわれわれの日常の買物の経験にも共通する概念であり、新しい情報を迅速に吸収して活用する能力の象徴とも言えます。

　このように、大規模言語モデルは、見たことのない新しい事象に対しても、すでに学んだ知識を活用して適切に反応できる

能力を持っています。これがゼロショットおよびフューショット学習の特徴であり、人間のように新しい問題を解決する力をAIにもたらしているのです。

「スケーリング則」を理解することの重要性

　大規模言語モデルの驚くべき能力の高さは、「スケーリング則［Scaling Laws］」がもたらすところも大きいと言えます。

　これは、モデルのサイズ（＝ネットワークの層の数やパラメータの数）、訓練データの量、計算リソース（＝訓練に使う時間とエネルギー）の増加に伴って、モデルの性能が向上するという規則性を指します。

　言語モデルの「理解力」のような性能は実のところ、数百億ものパラメータによって構築された巨大な数学的関数が、膨大な量のテキストデータを見て、それを模倣する最善の方法を学習しているだけ、とも言えます。この巨大な関数は、単に与えられた入力（人間が提供するプロンプト）に対して、確率的に最もありそうな次の単語を出力するという一連の作業を繰り返すことで、人間が理解すると解釈できるような出力を生成します。

　しかし、モデルがこのような動作を行うためには、何百万もの例を通じて「文章の流れ」や「言葉の意味」を模倣する方法を学習する必要があります。さらに、これらの学習には莫大な計算リソースが必要となります。これはまさに「スケーリング則」の現れで、モデルの性能が学習データの量や計算リソースの増加とともに向上するという原則を示しています。

スケーリング則の重要性を理解することで、大規模言語モデルの可能性や制限をより深く理解することができます。このモデルが人間のように「理解」しているわけではないにせよ、その特筆すべきパフォーマンスは、広範なデータと強力な計算リソースによって実現されているのです。

　スケーリング則をもう少し詳しく定義づけると、データセットの大きさ、モデルのパラメータ数（モデルの規模）や、学習の際に使用される計算量が増加すると、損失（Loss：モデルの予測と正解との誤差）が「べき乗則」に従って減少するという理論です。これは、時間と費用を投資して大きなモデルを作り上げれば、そのモデルはより高い性能を発揮することが可能、という意味を持ちます。

　別の言い方をすると、データセットが大きく、パラメータ数が多く、かつ豊富な計算リソースがあればあるほど、モデルはより精度の高い予測を行うことができます。

　この理論は、AI開発の戦略的な意思決定に重要な役割を果たします。なぜなら、スケーリング則に基づいて、限られたリソースの最適な配分や最適化すべきポイントを決定することができるからです。

　しかし現実には、一定の点を越えるとモデルの性能が頭打ちになる、つまりスケーリング則が厳密には機能しない場面もあります。これは、「次元の呪い」や「過学習（オーバーフィッティン

> 次元の呪い……データの次元数が増加し高次元となると、そのデータを扱うための計算量やサンプル数が指数関数的に増加していくという問題。具体的には、高次元の空間では点間の距離が予想以上に広がり、多くのデータが必要となる。また、高次元のデータを分析・解析する際のアルゴリズムの計算量も大きくなるため、一般的に処理速度が大幅に低下する。次元の呪いは機械学習やデータマイニングの分野でとくに顕著となり、高次元のデータセットを扱う際には特別な手法やアプローチが必要とされる。
>
> 過学習（オーバーフィッティング）……機械学習のモデルが訓練データに対して過度に適合し、新しいデータやテストデータに対する予測性能が低下する現象。具体的には、モデルが訓練データのノイズや偶然のパターンまで学習してしまうことで発生する。とくにモデルの複雑性が高く、データ量が限られている場合に起きやすい。

グ）」と呼ばれるような問題が関与している可能性があります。これらの課題を解決するためには、新たな技術や手法の開発が求められます。

　ちなみに「べき乗」とは、数学でx^n（＝xのn乗）の形式を持つ式を表し、これは変数xをn回掛け合わせることを示します。そして「べき乗則」はべき乗の原理に基づいており、統計学やその他の科学分野でいう「スケーリング則」は、一つの項目が拡大したり縮小したりすると、他の項目も同じ「べき乗則」に従って拡大または縮小する原理を指します。

　たとえば、正方形の面積は、一辺の長さを2倍にすると面積は4倍（＝2の2乗）に、一辺の長さを4倍にすると面積は16倍（＝2の4乗）になります。このように、べき乗の原理に基づいて拡大や縮小が行われるのがべき乗則です。

　べき乗則は、市場経済や自然現象をはじめとしたさまざまな現象を説明するためのモデルとして広く利用されており、小売ビジネスでよく使われる「ロングテール理論」（売れ筋よりも、その他のニッチ商品の売上合計が大きくなること）とも深く関係していま

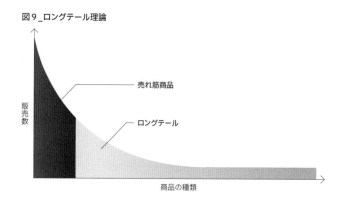

図9_ロングテール理論

売れ筋商品

ロングテール

販売数

商品の種類

す（図9）。

大規模言語モデル開発は
資本力がモノを言う

　繰り返しになりますが、スケーリング則は、大規模な学習デ
ータセット、大きなモデルサイズ、そして大量の計算資源（学
習コスト）を使って大規模言語モデルを訓練すると、その性能が
向上するという理論です。

　この理論が示すとおり、大規模な資本を有する組織だけが大
規模な言語モデルを作り出し、その性能を最大限に引き出すこ
とができます。高性能な大規模言語モデルの開発と運用には、
大量のデータ、広範なモデル構造、そして膨大な計算力が必要
であるためです。これらの要素は、一般的には大規模な資本を
持つ組織だけが提供できるものです。

　たとえば、OpenAI社はその開発に巨額の資金を必要とし、
その資金の大部分はマイクロソフトからの出資によるものです。
それに対して、グーグル、NVIDIA、メタ（旧フェイスブック）な
どの大企業も自社の潤沢な資源を活用して、自己資本で大規模
な言語モデルを開発しています。

　これらの動きは大規模言語モデルが生み出す利益を見越した
ものです。大規模言語モデルは、自然言語処理、機械翻訳、音
声認識など、多くのAIアプリケーションで重要な役割を果た
します。そのため、これらの企業は大規模な資本を投じてでも、
最先端の大規模言語モデルを開発しようとしているのです。

　しかし、大規模言語モデルの開発には高いコストがかかるた

図10_大規模言語モデルの一覧

大規模言語モデル	生成時期	開発元	パラメーター数	無料公開の有無
GPT-Neo	2020年 3月	EleutherAI	2,700,000,000	○
GPT-3	2020年 5月	OpenAI	175,000,000,000	×
GPT-J	2021年 6月	EleutherAI	6,000,000,000	○
Megatron-Turing NLG	2021年10月	Microsoft & Nvidia	530,000,000,000	×
Gopher	2021年12月	DeepMind	280,000,000,000	×
LaMDA	2022年 1月	Google	137,000,000,000	×
GPT-NeoX	2022年 2月	EleutherAI	20,000,000,000	○
Chinchilla	2022年 3月	DeepMind	70,000,000,000	×
PaLM	2022年 4月	Google	540,000,000,000	×
Luminous	2022年 4月	Aleph Alpha	70,000,000,000	×
OPT	2022年 5月	Meta	175,000,000,000	○
BLOOM	2022年 7月	Hugging Face collaboration	175,000,000,000	○
GPT-3.5	2022年11月	OpenAI	不明	×
LLaMA	2023年 2月	Meta	65,000,000,000	×
GPT-4	2023年 3月	OpenAI	不明	×

め、すべての組織が自前で大規模言語モデルを開発するのは困難です。その結果、多くの組織はOpenAI社の「GPT-3」のような既存の大規模言語モデルを使用して、自分たちのニーズに合わせて微調整することを選びます。これにより、組織は大規模な投資をせずとも、大規模言語モデルのパワーを利用することができます。

「基盤モデル」に期待される3つの特徴

　既述のとおり、大規模言語モデルの性能を向上させるためには大量のリソースと投資が必要となります。このことから、一般的な企業がすぐに大規模言語モデルの構築に乗り出すことは困難を極めます。

実際、トライアルグループが体験した例として、GPT-3の
API「ダヴィンチ［Davinci］」を使い、過去に蓄積した膨大な週
報データの中からその一部（数カ月分）を抜粋したテキストデー
タとしてファインチューニングを行いました。その結果、デー
タ全体の一部分の学習だけにもかかわらず数十万円のコストが
発生しました。データ全体をファインチューニングするとなる
と、そのコストは何百倍にも膨らむことが判明したのです。そ
のため、われわれは大規模なファインチューニングを進めるこ
とを見送り、別の手法を探すことを余儀なくされました。そこ
で私たちが考えたのは、「基盤モデル［foundation model］」の活用
です。

　基盤モデルとは、大量のデータを使用して事前学習［Pre-Train-
ing］を行い、さらに多様なタスクに対応できるように追加の訓
練（主にファインチューニング）を行う、という２段階の学習工程を
経た機械学習モデルのことを指します。一つの基盤モデルでさ
まざまなタスクに対応できる（＝マルチタスク）というのが大き
な特徴です。

　この基盤モデルという概念は、2021年８月にスタンフォー
ド大学の「人間中心のAI研究所（HAI）」によって発表された論
文をもとに広まりました。2022年以降、AI関連の研究者や技
術者の間で徐々に注目されるようになり、その効果的な手法が
評価されています。

　基盤モデルの主な例としては、OpenAI社によって開発され
た「GPT-3」や、同じくOpenAI社のプロジェクトで「Stable
Diffusion」の一部として使用されている「CLIP」などがあり
ます。基盤モデルに対して期待されている主な特徴は次の３つ

API……Application Programming Interfaceの略で、異なるソフトウェア間で情報
をやり取りするためのルールや手順の総称。APIを用いることで、アプリケーションは
他のソフトウェアやサービスと連携して機能を共有することが容易となる。

です。順に詳しく見ていきましょう。

①過去の学習モデルでは性能が保証されなかったのに対して、モデル・計算量・データがスケーリング則に従っており、変数の増加が確実にモデル性能向上につながることが保証されている

　先ほども述べたように、モデルの性能はデータセットのサイズ、パラメータ数、そしてそれらを計算するのに必要なコストに対して、べき乗則に従って増加します。このスケーリング則を基本原則として特定の問題を解くためには、大規模なモデル

図11_OpenAIのLLM各ベースモデルとファインチューニングコスト

ベースモデル	GPT-3				
API名称	Ada	Babbage	Curie	Davinci	
性能	右のモデルに行くほど文脈理解能力が高く、				
特徴	性能はChatGPTやGPT-4に劣るものの **ファインチューニング（追加学習）**によって専門性の向上や 最新情報への回答が可能な**学習モデルを作成して利用可能**				
入力可能データ	テキスト				
入力トークン上限 ※トークン≒文字数	約4,000				
パラメータ数 性能評価指標の一つで、多いほど高性能とされる	約1億個	約30億個	約75億個	約1.75億個	
ファインチューニング（追加学習） 可否	○				
ファインチューニング（追加学習） 学習費用 ※1,000トークンあたり	$0.0004	$0.0006	$0.003	$0.03	
標準 モデル Prompt（質問等）費用 ※1,000トークンあたり Completion（回答等）費用 ※1,000トークンあたり	$0.0004	$0.0006	$0.002	$0.02	
学習 モデル Prompt（質問等）費用 ※1,000トークンあたり Completion（回答等）費用 ※1,000トークンあたり	$0.0016	$0.0024	$0.012	$0.12	
学習方法	学習データ（JSON）・回答の重みづけ				

出所：OpenAIのWebサイトをもとに筆者作成（2023.7.18時点）

が必要となることが予測されます。たとえば「小売業」に特化した大容量の基盤モデルを構築することができれば、ビジネスに有効な結果を生み出すことができると考えられます。

②非常に広範囲なタスクを個別の追加学習なしで対応できる

　従来は、タスクごとにモデルを個々に学習させる必要がありました。しかし、基盤モデルの利用により、汎用的なモデルはそのままに、プロンプトを変えることで反応を調整することが可能となるのではないかと考えています。

	ChatGPT（GPT-3.5）	GPT-4	
	gpt-3.5-turbo	8Kcontext	32Kcontext
非常に複雑な自然言語処理タスクが可能			
	米統一司法試験を**下位**10%の成績で合格可能な性能	米統一司法試験を上位10%の成績で合格可能な性能 画像理解に対応し、複数の情報伝達手段に対応する マルチモーダルAIとして進化	
		テキスト　**画像**	
		約8,000	約32,000
	非公開		
	×		
	──		
	$0.002	$0.03	$0.06
		$0.06	$0.12
	──		

97

③特定の言語に限定されず、さまざまなタイプのデータ（マルチモーダルなデータ）を利用できる

　従来のAIでは、解きたいタスクごとにデータセットを用意（しばしば人力のラベリングを伴う）し、適切なアーキテクチャのモデルを設計・訓練する必要があり、その開発・運用コストが実用上の制約となることが多くありました。また、目的のタスクに特化させたモデルは分布外データに対する予測性能が著しく低くなる傾向があり、この問題も実用化を妨げていました。これに対し、基盤モデルでは、タスクごとに集めるデータは少量で十分で、目的のタスクに特化させないため分布外データに対する予測性能も頑健です。データセットに用いられるデータは、テキスト、音声、画像、構造化データなど、どのような形式にも対応させることができます。

基盤モデルの注意点
──「破滅的忘却」と「汚染」

　基盤モデルを運用する際、とくに注意が必要な点があります。1つは、モデルやデータベースの質が、ファインチューニングや「RLHF（人間のフィードバックによる強化学習）」といった手法によって下がってしまう場合があることです。

　具体的な問題として、「破滅的忘却 [Catastrophic Forgetting]」という現象があります。これは新しい情報を学習する過程で、以前に学んだ情報を忘れてしまうことを指します。さらに、「汚染 [Contamination]」という現象も懸念されます。これは誤った情報が混ざってしまい、結果として事実とは異なる情報を出力

してしまうというものです。

　これらの問題に対処するために、モデルの品質を継続的に維持することが必要です。定期的なチェックや更新など、適切な手段を取ることで、基盤モデルの劣化を防ぎ、常に良い状態で運用していくことが可能になるでしょう。

　小売店舗での破滅的忘却の事例と対策を具体的に挙げてみましょう。

　小売店舗では、季節やトレンドに応じて商品のラインアップが頻繁に変わります。この変動に対応して、過去の発注データを"忘却"せず、新しい商品の需要にも迅速に反応できるAIモデルの開発が求められます。この場合、破滅的忘却の問題が発生しないように、「ドメイン増分」と「クラス増分」という２つの手法が活用できます。

〈ドメイン増分〉

　機械学習モデルが新しいドメインのデータを学習する際の問題設定を指します。具体的には、モデルが学習済みのクラスに対して、異なる環境や条件下のデータを新たに学習することをめざします。たとえば、あるモデルが「晴れた日」の動物の写真を学習した場合、ドメイン増分のタスクではこのモデルに「雨の日」や「雪の日」の動物の写真を追加することで精度の向上をめざすという手法です。

　このようなドメインの変化は「ドメインシフト」とも呼ばれ、実世界のデータの変動や多様性を反映したものとなります。とくに、実際のアプリケーション（例：自動運転車や医療画像診断）においては、異なる環境や条件下でも一貫した性能を発揮することが求められるため、ドメイン増分は重要な課題として取り組

まれています。

　小売業での活用例としては、春夏用の商品から秋冬用の商品への切り替え時にも、春夏の商品に対する過去の発注データの知識を保持することができます。これにより、再び春夏に商品が切り替わった際、以前のデータから学び取った知識が活用できます。

〈クラス増分〉

　機械学習モデルがすでに学習したクラス群に新たなクラスを追加して学習する際の問題設定を指します。このアプローチでは、既存のクラスの知識を損なわずに新しいクラスを効果的に統合することが目標となります。

　たとえば、あるモデルが「犬」と「鳥」の２つのクラスについて学習していたとき、クラス増分のタスクではこのモデルに「猫」などの新しいクラスを追加して学習させることとなります。この問題設定は、実務において新たなカテゴリーやラベルが登場するケースで非常に関連が深いと言えます。とくに、製品のラインアップ拡張や新しい病気の診断など、継続的にカテゴリーが増えていく環境での学習において、クラス増分の取り組みは不可欠となります。クラス増分を効果的に行うことで、既存の知識を忘れずに新しい知識を獲得する、つまり「忘却」を防ぐことができるのです。

　小売業での活用可能性としては、野菜コーナーで新しい種類の野菜を追加した場合でも、既存の野菜に対する発注の最適量の知識を保持できます。新しい野菜の発注量を最適化しながら、他の野菜に対する発注の精度を落とさないようにする、などの例が考えられます。

次に、その評価方法としては、次のような視点が重要になります。

新しいタスクの学習効率：新しい季節や新しい商品に対して、どれだけ迅速に発注の最適化ができるか評価する。

全体的な一般化性能：季節ごと、カテゴリーごとの発注においてバランスの良い精度が出ているか評価する。

計算リソースと効率：追加のコストなく、季節や商品の変更に対応できるか評価する。

　このような手法と評価によって、小売店舗は過去のデータを活用しつつ、新しい商品や季節に対しても迅速かつ継続的に発注オペレーションを行うことが可能になるのです。

トポロジカルデータ分析（TDA）と KLダイバージェンス

　次に、基盤モデルが内蔵する「ベクトルデータベース［embedded vector database］」の「汚染［contamination］」について原因と対策を説明します。

　ベクトルデータベースとは、高次元のベクトルを効率的に格納・検索することに特化したデータベースです。主に機械学習やディープラーニングのモデルで生成された埋め込みベクトルの保存や、類似度検索などのタスクに利用されます。これにより、大量のベクトルデータに対してリアルタイムでの高速なクエリ（検索）実行が可能となり、近年のAI技術発展に伴い、そ

の重要性が増してきています。

そして、そのベクトルデータベースにおける「汚染」とは、データベース内の情報が誤った情報やノイズによって侵害される現象を指します。この問題を解決するために、「トポロジカルデータ分析（TDA）」や「KLダイバージェンス」などの方法を用いて対処しています。

順に説明しましょう。まずトポロジカルデータ分析とは、データの形状（トポロジー）を研究する数学的手法で、ノイズに対して非常に堅牢であるという特徴があります。そのプロセスは大きく次の2つです。

①データのトポロジー解析：TDAはデータセット全体のトポロジカルな構造を捉えます。この構造は、ベクトルデータベースの中で異常なパターンや変動を検出するのに使用できます。

②汚染の検出：データベースのトポロジーが一定の期待される形状を持っていると仮定すると、汚染によってこの形状が変化する可能性があります。TDAを使用して、データのトポロジカルな「変形」を検出し、それが汚染の兆候であるかどうかを評価できます。

次にKLダイバージェンスは確率分布間の差異を測定する手法で、データベース内の異常な分布を検出するのに用います。主なプロセスは大きく3つあります。

①正常なデータ分布のモデリング：ベクトルデータベースの正常な状態の確率分布を計算します。

②異常なデータ分布の検出：新しいデータがデータベースに追

加されるたびに、そのデータの確率分布を計算し、元の分布と比較します。KLダイバージェンスを使用して、この二つの分布間の差異を測定します。

③汚染の警告：KLダイバージェンスが閾値以上に大きい場合、データベースに汚染が発生している可能性があります。この情報を使用して、汚染を早期に検出し対処することができます。

このような検証［validation］を定期的に繰り返すことで、TDAはデータベースのトポロジカルな構造から汚染を検出し、KLダイバージェンスはデータの確率分布を監視することで汚染を警告するために使用することができます。

トライアルグループでは、両方の手法を組み合わせることで、ベクトルデータベースの汚染に対する堅牢な保護が提供されることを仮説として現在実験を繰り返しています。

また、「ハルシネーション」がRLHFプロセスで起きていないことを検証するためには、複数の戦略を組み合わせたアプローチが効果的であると考えられます。

モデルの出力、つまりAIが生成する結果を、実際のデータと比較することで、間違った情報が生成されていないかチェックします。また、複数の人々の意見や評価を取り入れることで、その結果の真偽をさらに検証します。

このように学習の過程において、定期的に結果をチェックしたり、特定の分析方法（感度分析など）を用いたりして、AIが誤った情報を見てしまう、ハルシネーションのサインが出ていな

ハルシネーション……従来は存在しない刺激や物体を知覚する現象のこと。人間では視覚、聴覚、触覚などの感覚に関連して起こり得るものだが、AIの分野においては、モデルが実際のデータに基づかない情報やパターンを生成または予測することを指す。とくにディープラーニングや生成AIにおいて、モデルが過学習すると起こりやすく、たとえば画像生成モデルが存在しない物体や形状を生成してしまったり、テキスト生成モデルがデタラメな内容を記述したりする。これらの現象はモデルの汎化性能の低下を示唆する場合があり、適切な訓練や正則化手法の適用が求められる。

いか早めに見つけ出します。さらに、データの一部だけを使ってAIの性能をテストする交差検証などの方法も取り入れることで、ハルシネーションの原因を突き止める助けになります。

このような多くの方法を組み合わせることで、RLHFにおいてハルシネーションが起きていないか、しっかりと監視し確認することができます。

このフィードバックの精度を維持する手法について、もう少し具体的な事例で説明します。小売店舗の発注業務を生成AIで自動化するケースを例にとってみましょう。

小売店舗での発注業務は、在庫の管理、需要の予測、適切な商品の選定など、非常に複雑で時間がかかる作業です。これを生成AIによって自動化するプロジェクトを考える際、RLHFのような学習手法を使用すると効果的であると考えられます。

ある小売店舗で、過去の販売データと季節の変動、地域の嗜好などを学習させた生成AIを導入し、発注の最適化を図ることになりました。しかし、人間のフィードバックが不足していたため、特定の休日やイベント時の需要を見誤るというハルシ

図12_人があたかもシステムの一部のようにはたらく ＝ ヒューマン・イン・ザ・ループ の考え

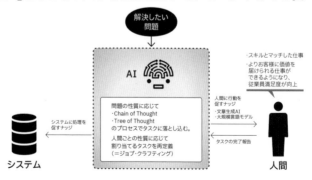

ネーションが発生してしまいました。

　この問題を解決するために、店舗の発注担当者が生成AIの推薦する発注数量に対して逐次的にフィードバックを提供するシステムを導入しました。これにより、生成AIの学習がベテラン担当者の知識と連携するようになります。さらに、特定の期間やイベントに対する感度分析も行い、モデルが正しく動作しているか定期的に確認するようにしました。結果として、小売店舗の発注業務は効率化され、ハルシネーションの問題も軽減されました。

　これは、正しい人間のフィードバックと、透明で解釈可能なモデル構造の採用が、この成功につながった事例であり、「ヒューマン・イン・ザ・ループ（HITL）」と呼ばれる手法になります。

基盤モデルの活用事例①
「e³SMART®」

　基盤モデルの利用は、これまで未活用だったデータをマルチモーダル形式で事前学習し、基盤モデルを生成することで、多様な下流タスクに対して有益な影響を与える可能性があると考えています。

　現在、トライアルグループではさまざまな方法でのプロトタイプ作りを進めています。ただ単に基盤モデルを生成するだけでなく、下流タスクと連携するアプリケーションやデバイスの開発も同時に進めているところが、われわれが「IT×流通業」の融合をめざしてビジネスを展開してきた強みだと自負してい

　下流タスク……機械学習における訓練の工程で、事前学習済みモデルを新しいタスクに向けて追加学習すること。また、それを元に推論すること。

ます。トライアルグループで取り組んでいる具体的なタスクについて、いくつか紹介します。

われわれは独自に、「e³SMART®」という名のデータベースエンジンを設計・構築しました。これは独自のデータ圧縮技術を利用し、データ保存コストの削減とデータ取得時のパフォーマンス向上を両立するもので、トライアルグループの事業全体の核となるものです。

大規模な基盤モデルの学習においては、大量のデータの取得が必要になります。ここで「e³SMART®」が役立ち、データの取得を圧倒的に高速化します。

さらに、われわれは高いRAS（信頼性・可用性・保守性）性能を誇るHPCサーバーを導入し、インターコネクト「InfiniBand」と、NVMeをNVIDIA製のスマートネットワークカード「ConnectX」経由で使用するマルチクラスタ構成を自社に設置して検証しています。この設備により、クラウドだけでなくオンプレミス環

図13_トライアルグループにおける基盤モデルの概念

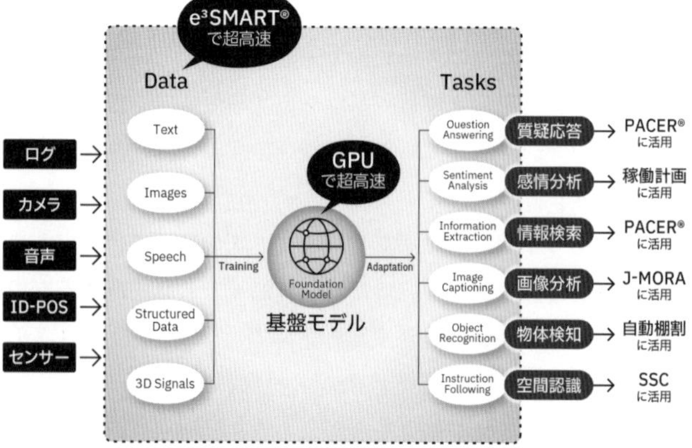

生成AIは小売をどう変えるか？

境でも、高い学習パフォーマンスが可能となっています。

基盤モデルの活用事例②
「TRIAL Culture GPT」

　さらに、RLHFの手法を用いて、「TRIAL Culture GPT」というモデルの開発も進めています。同モデルを介して、トライアルグループがこれまでの成長過程において蓄積した経験や知見を組織として継承することが可能になると期待しています。

　組織が成長する中で、創業者の理念や組織文化を維持・浸透させることは、いかなる組織も直面する大きな課題です。とくに長い伝統を持つ企業や大企業では、新たな人材の流入とともに、この問題はますます顕著になります。

　トライアルグループも、流通業に携わるようになって40年以上の歴史を持つ企業ですので、時代の変遷とともに組織の理念や伝統が浸透しづらくなるという問題に直面しつつありました。

　そこで、組織の文化や理念の継続的な浸透のために、基盤モデルを活用する戦略を立て実験を行っています。具体的には、これまで30年にわたり蓄積された大量のレポートや動画データなど、さまざまな形式のデータを学習して、下流タスクを構成するプロセスに反映するワークフローを構築しています。

　たとえば、中途入社や新入社員のオリエンテーションにVR（仮想現実）トレーニングツールとして導入し、創業者が企業の歴史や理念について語るシーンを仮想空間で体験できるようにしていく計画です。これにより、新しい社員も組織のコアバリ

ューを深く理解できるようにするねらいです。

　さらに、従業員向けダッシュボードに「TRIAL Culture GPT」をAIアシスタントとして導入予定です。社員に対し企業の理念に基づいた助言や提案を行うことで、組織の価値観の醸成に役立ちます。

　また、組織の持続的な成長と文化の維持に対応するため、トライアルグループには「トラスト」プロジェクトという仕組みがあります。ここに基盤モデルを反映できないか検討しているところです。

「トラスト」プロジェクトは具体的に、実際の業務がトライアルグループの経営戦略の方向性に基づいたものになっているかをAIが判定・評価する仕組みです。また、各実務や店舗運営において、理念に基づく意思決定が行われているかを評価する機能も備えています。

　このプロジェクトは、組織の理念やカルチャーが単なるスローガンに終わらず、実際の業務の隅々まで浸透することを重視したものです。理念が従業員の行動や決定に反映されることで、顧客へのサービスや商品の提供、そして組織全体の活動がより一貫性を持ち、高い品質を維持することができると考えています。

　そこで、基盤モデルも「トラスト」プロジェクトのサポートツールとして利用していきたいと考えています。たとえば、店舗オペレーションにおける会話や業務プロセスを自動的に分析し、その中での理念に基づいた行動や発言を評価するシステムなどが考えられますが、一歩間違えると監視システムになってしまうため、従業員にストレスを感じさせないように配慮する必要があります。また、不足している部分や改善点をリアルタ

イムでフィードバックすることで、従業員の教育や業務の見直しにつなげられないか現在検討中です。

　こうした取り組みを通じて生成AI技術を活用することで、組織の文化や理念を継続的に浸透させることが期待できます。人間の持つ継続の難しさという特性を機械が補完し、組織の持続的な成長と文化の維持を実現していく考えです。

基盤モデルの活用事例③ 「BN-GPT」

　BN（Business Negotiation：商談）-GPTは、ベテランバイヤーの商談ノウハウを基盤モデルに取り込むことで、その暗黙知を形式知に昇華させることをねらったモデルです。これにより、商品部門における戦略に独自性をもたらすだけでなく、取引先との関係構築にも有効に活用できます。つまり、ベテランバイヤーの経験と知識がモデルに組み込まれることで、組織全体の商談力が向上すると期待しているのです。

　とくに、若手のバイヤーや新入社員が、経験者のような商談力を早期に身につけることは、業界全体の業績向上や良好な取引関係の構築につながります。しかし、その育成には時間がかかり、全員がそのスキルを身につけられるという保証もありません。そのため、ベテランの豊富な経験やノウハウを商談システムに組み込むことで、AIの助言や提案を商談中に得ることが可能になるのは有益だと考えています。具体的には、過去の成功事例やアプローチをもとにしたデータをシステムに組み込み、商談時にリアルタイムでの分析や提案を行うことができる

ように現在計画しています。

　このアプローチにより、商談を行うバイヤーは即座に適切な交渉策を取ることができ、より良い条件での商品仕入れを実現できるようになることが期待されます。消費者にとっても、品質や価格の面でのメリットが生まれる一方、メーカーは商談の結果やフィードバックを通じて商品やサービスの向上の方向性が得られるようになります。このシステムは、小売業界のスタンダードの向上を促進し、全体の競争力を高める可能性があると考えています。

　もう少し具体的に説明を加えると、トライアルグループにおいては、ベテランバイヤーの豊富な商談ノウハウの価値を深く認識しています。しかしこれらのノウハウを他のバイヤーたちに伝授し、同じ水準の商談力を承継させることは容易ではありませんし、多くの時間を要します。

　そこで現在、トライアルグループでは新たな試みとして、このベテランの暗黙知を形式知に変換し、さらにはAI技術の導入を通じて商談プロセス全体を革新する計画を進めています。ただ、この取り組みはまだ実験の初期段階であり、多くの期待とともにさまざまな課題にも直面しています。

　この基盤モデルを生成するにあたっては、e³SMART®を用いることで大量データの迅速な処理を活用することができ、生成AIを用いて自動化し、さらに高速化・深化させることができます。これにより、バイヤーにはより戦略的な分析に注力する時間が生まれ、商談の質を向上できるでしょう。

　また、生成AIを通じた下流タスク、画像解析技術や音声解析技術を商談の場に導入することで、取引先の意向をより精緻に察知することが可能となります。ベテランバイヤーが持って

生成AIは小売をどう変えるか？

いる独特の属人的スキルを補完し、あるいはそれを超えるようなレベルのサポートを提供することが、BN-GPTを導入する最大のねらいです。

　これらの生成AIの組み込みにより、新人や若手バイヤーもベテランバイヤーと同等の商談力を短期間で身につける、あるいは大きなサポートが受けられることが期待されています。最終的には、これらの導入がトライアルグループの商談の質を一層高め、取引先との関係をさらに強固にすることで、組織全体の競争力を大きく引き上げることが期待されます。

基盤モデルの活用事例④
「SO-GPT」

　トライアルグループには、販売の領域に深い知見を持ったあるベテラン社員がいます。彼が持つ"販売の経験"を基盤モデルの中心に据え、店舗運営の質を大幅に向上させるプロジェクトが、SO（Store Operation：店舗運営）-GPTです。この先進的な取り組みもすでに実験段階に入っており、現在の成果とその可能性について詳しく述べていきます。

　まず、実験の核となるのが、彼や、その周辺にいる人々がこれまでに蓄積してきた資料の生成AIへの取り込みです。店舗の運営マニュアル、商品ディスプレイ方法、顧客コミュニケーションのノウハウといった知見が集約された情報を中心に学習を進めています。

　ただし、中には古くなった情報もあるため、取捨選択も不可欠です。例として、近年の消費者行動を反映した資料や、新商

品ラインアップに合わせたディスプレイ方法など、現在の状況に最も適した情報を中心に選定し、生成AIの学習データとして取り込んでいます。

　データの選定では、あらゆるデータを一括で読み込み自動仕分けされるケースと、しっかりと人手で選定するケースの2種類が考えられます。前者は、ファインチューニングの対象として、モデル全体の情報をメンタルモデルのように取り扱う際には有効だと考えており、一方人手で正確に仕分ける場合は、プロンプトを通じてベクトルデータベースに反映するのを想定しています。

　次に、マルチモーダル学習の導入によりさらなる成果があげられています。実験では、文字情報だけでなく、ベテラン社員の行動や指示をしている場面を動画データとして取り込むことで、彼の実際のリーダーシップスタイルや対応の仕方を深く学習させています。実際の動画を通して、文字情報だけでは伝わりきらない現場の臨場感や指示のニュアンスを捉え、より高度な運営知識をAIに組み込むことができています。

　さらに、SO-GPTについては学習モデルのアップデートにもすでに取り組んでいます。市場のトレンドや消費者の要望は常に変化するため、実験中も新しいデータを継続的に取り込み、モデルの精度を高めています。たとえば、最近の売れ筋商品の特性や新しいマーケティング手法に対する反応など、リアルタイムの情報を加えることで、常に最先端の情報を保有することをめざしています。

　そして、フィードバックの取り込みのシステム化も現在進め

メンタルモデル……心の中に構築される現実の概念化や表現のことで、心理学や認知科学の領域で広く研究されている。1943年にイギリスの心理学者 ケネス・クレイクがその理論的基盤を提唱して以来、この概念は人々が環境に対する反応や理解をどのように形成するかを理解するための鍵となっている。

マルチモーダル学習……数値やテキスト、画像、音声、動画など複数の形状のデータを組み合わせて処理する学習手法。

ています。新しい運営方法を実際の店舗で試す中、ベテラン社員自身のフィードバックだけでなく、関わるスタッフやお客さまの声に至るまでさまざまなデータ、具体的には新しいディスプレイ方法やサービス提供に関する実際の反響をもとに、さらなる精度向上をめざしています。

　SO-GPTの実験は、ベテラン社員の豊富な経験と知識を活用し、生成AI技術と融合させることで、店舗運営の新たな可能性を切り開く試みです。顧客満足度の向上と持続的な利益増加を目的としたこのプロジェクトのさらなる進展に、大きな期待を寄せています。

既存の生成AIの活用

　生成AIを活用するにあたり、トライアルグループでは主に２つのアプローチを考えています（図14）。

　１つ目は、既存のサービス、具体的にはOpenAI社のAPIを利用する方法です。前述したように、本稿執筆時点で最も優れた大規模言語モデルは、同社が提供する「GPT-4」だと筆者は見ています。このGPT-4と同等の汎用性能を持つモデルをわれわれが独自に開発するには巨額の投資を要するため、特定の下流タスクで十分なパフォーマンスが得られるのであれば、既存のサービスを積極的に利用したいと考えています。

　しかし、図表で示した左側からのアプローチ（既存のサービスを活用）だけではできることが頭打ちになった際に、その先の発展を検討することが難しくなり、また、他社との差別化を見出せなくなってしまう恐れがあります。そこで、図表上の右側

図14_トライアルグループの生成AI活用の道筋

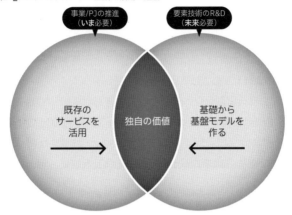

からのアプローチ、つまり独自の基盤モデルを自分たちで生成することも、一方では検討しています。

　われわれ固有の要件と、即座に利益を得られる利便性のバランスを取りながらこれらを活用することが、現時点でのAI活用戦略の核と考えています。

オペレーションドリブンが
不可欠である理由

　ここまで、生成AIとは何か、そしてそれをトライアルグループとしてどう活用していく考えなのかについて説明してきました。ここからは、生成AIの活用ポイントとして最も重要である「オペレーションドリブン［Operation Driven］」の手法について触れていきます。

昨今、「データドリブン［Data Driven］」という言葉はよく耳にすることがあるかと思います。一般に売上データやマーケティングデータ、ウェブ解析データなど、データに基づいて判断・アクションすることを指しますが、一方でオペレーションドリブンという単語はあまり聞き慣れないという方も多いかもしれません。

　トライアルグループにおいても、以前はデータドリブンを重要視してきた経緯があり、店舗内に「AIカメラ」やセンサー類などを複数箇所に設置してさまざまなデータを取得し、独自のBIツール（経営・業務支援ツール）である「MD-Link®」を活用して集計・可視化を行ってきました。

　また、セルフスキャン型の買物カート「スマートショッピングカート」を自社開発し、お客さまに利便性を提供するだけでなく、店内でどのような購買行動を取っているか詳細に理解し、次回来店された際にさらに高い付加価値を提供するためのデバイスとしても活用しています。

　さらに「MD-Link®」に関しては、ID-POSデータを中心として、商品マスターデータ、在庫データ、棚割データなどと連携することにより、さまざまな切り口でのデータ集計・可視化ができるようになっています。このツールは、トライアルグループのみならず、協力関係にあるメーカーや卸にも共有しています。手前味噌ではありますが、利用いただける各社からは、ほかのBIツールと比べて低価格かつ処理スピードも速いとの声をいただいています。

　ところが、生成AIの登場によって、現在の状況はこれから近い将来に向かって大きく変容していくものと思われます。

　筆者がChatGPTを最初に触ってみたとき、率直に「ついに

ここまで来たか」という感想を持ちました。返答の正確さに驚愕したことはもちろん、これまでのトライアルグループの失敗の積み重ねが、ついに大きく実るのではないかという期待に胸を膨らませたのです。

その感覚を表すためにも、オペレーションドリブンの重要性について、データドリブンと比較しながら詳しく説明します。

私が考えるオペレーションドリブンとは、現場での実務を起点として、機器やサービスを設計・運用したり、意思決定を行ったりする業務プロセスのあり方そのものを意味します。

たとえば、現場の実状に即さないテクノロジーの過剰な高度化を避けるため、トライアルグループではIoTデバイスの開発に関して、一つの店舗において実際に「現場での実務」を再定義しながら、そこから得られた定性的知見および観測したデータに基づき、新たな仮説を立てていきます。まさにオペレーションドリブンで、ハードウェアやソフトウェアの導入をできる限り小規模にとどめ、繰り返し素早く、概念実証を重ねることによって、第2章で触れたように「より多くの失敗を経験する」ことをめざしています。

さらに、データドリブンでは、あくまで数値上の状況を把握しているに過ぎないのに対し、オペレーションドリブンでは、実務、すなわち人間の行動自体に着目します。対象は従業員だけに限らず、メーカーや卸の営業担当者、あるいはお客さまに対しても、新たな挑戦を体験していただき、その結果として観測されたデータを用いて、再び仮説を立てることができるという、より現場に即した改善活動が可能になるのです。

しかしながら、このように極めて確実性の高そうなオペレーションドリブンにも弱点があり、いくつかの重大な課題が残さ

れていたため、これまでトライアルグループにとって悩みの種
となってきました。

　オペレーションドリブンでは、単にデータを鵜呑みにするの
ではなく、あくまで現場の実務を起点として、オペレーション
に介入し、下流タスクの行動変容が良い方に促されるか否かを
結果として観察していくわけですが、このやり方は大きく２つ
の弱点をはらんでいます。

　その１つが「再現性の希薄さ」というものです。どんなに優
れたオペレーションドリブンな業務プロセスを組み上げたとし
ても、他の店舗で、他の従業員が介在する現場で実現しようと
すると、なかなか再現することができない、というものです。

　また、成果を出せる優秀な店長や社員の行動には暗黙知が多
く、形式知化することが困難なため、どうしても徒弟制的に技
術を継承していくしか方法がありませんでした。そういった点
も「再現性の希薄さ」を助長していたように思います。

　弱点の２つ目は、「俯瞰的視点の欠如」です。オペレーショ
ンドリブンでは現場を重視するあまり、俯瞰的な視点を見失っ
てしまうことが多々あります。そのため、ある局所的な実務に
焦点を当て過ぎるあまり全体の最適化が崩れてしまうという状
況に陥ってしまうのです。

　しかし、このようなオペレーションドリブンの弱点を、生成
AIの活用が補ってくれるのではないかと筆者は期待していま
す。オペレーションドリブンでの生成AIの活用──。これは
本書でいちばん強調しておきたいキーワードです。

　では、それはどのようなプロセスによって実現され、その先
にみられる新たな流通の姿とは一体どのようなものなのか。い
くぶん想像も交えながら、論じてみたいと思います。

「データは21世紀の石油である」と言われ始めてから、ビッグデータの重要性が取り沙汰されるようになって久しく、数多の産業・領域で、さまざまなデータが蓄積され続けてきました。

　ところが、多くのデータは保存されたまま利用されることもなく、実際には保存コストだけが費やされているといったケースも少なくないのではないでしょうか。また、一口にデータと言ってもさまざまな形式があり、Text（文章）、Images（画像）、Speech（音声）、Structured Data（構造化データ）、3D Signals（センサーや信号）など、取得方法も頻度も異なれば、実際に利用する際の重要度も異なります。こうした形式の異なるデータをまとめて、マルチモーダル・データと呼びます。

　基盤モデルの生成方法にはいくつかの方法がありますが、マルチモーダル・データを用いて生成することにより、下流タスクに対しても汎用的に適応できるようになります。図で紹介されている例だけでも、Question Answering（質疑応答）、

(再掲)トライアルグループにおける基盤モデルの概念

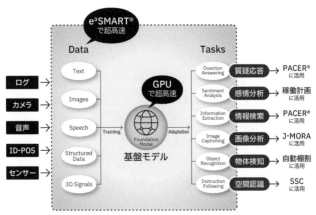

Sentiment Analysis（感情分析）、Information Extraction（情報検索）、Image Captioning（画像分析）、Object Recognition（物体検知）、Instruction Following（空間認識）など多岐にわたっています。これらの下流タスクを組み合わせることで、実際のオペレーションに介入していくことが可能となり、オペレーションドリブンの弱点克服にもつながっていきます。

　まず、1つ目の弱点「再現性の希薄さ」については、マルチモーダル・データに含まれるさまざまな暗黙知が基盤モデルを生成することによって形式知へと昇華し、それに適応する下流タスクは、形式知を含む形で提供されることになります。これにより、オペレーションのタッチポイントとしては、形式知を含む下流タスクを組み合わせて活用することができます。

　店舗オペレーションの中の「発注」という実務を例に挙げると、対象となる商品の売れた数、単価、納期、在庫の確認など、いくつかの確認オペレーションに対して、担当者の経験という暗黙知が掛け合わされて成立していると言えます。

　ところがその担当者が新人の場合は、こうした暗黙知が身についていないため発注業務を正しく遂行することができません。これに対し、ベテラン担当者の形式知を含む下流タスクを新人担当者のオペレーションのタッチポイントに活用することで、経験を積んでいなくても、まるでベテラン担当者のように発注業務を正しく行うことができるようになります。仮に失敗したとしても、次の基盤モデルの更新において、新人担当者の失敗は糧となり、さらにより洗練された形式知へと昇華していくのです。

　2つ目の弱点「俯瞰的視点の欠如」に関しても、基盤モデルが生成されることによって、局所的ではなく全域的な視点が有

されることになります。基盤モデル自体の汎用性は維持しつつ、局所に特化したモデルを事前学習したり、あるいは、学習結果に対するプロンプトを用いて内包ベクトルデータベースを局所解の評価に利用したりすることも可能です。

　これまでのAI活用では、下流タスクは基本的に1つしかなく、しかもゼロショット学習やフューショット学習などといった汎用的な対応もできなかったため、局所に特化したモデルを作らざるを得なかったという課題が、生成AIの登場によって解消するかもしれません。

　このように、生成AIの活用によってオペレーションドリブンはその弱点を克服し、より良い形でのヒューマン・イン・ザ・ループを実現できると考えています。

　トライアルグループとしては、このような仕組みを導入することによって、より良い流通の姿を描けるものと信じて、これからも改善を重ねていきたいと思っています。

「ナッジ」の
重要性

人間の限界を補う「ナッジ」

　生成AIの活用を考えたときに、前提としてあらためて認識しておきたいのが、人間の能力には限界があるという事実です。その限界が、小売の現場におけるオペレーション上の障壁を生み出しているのです。少し壮大な話になってしまいますが、それは私たち人類、つまりホモ・サピエンスの性質そのものに由来しています。

　私たち人間は本来、自分の考えを他人に正確に伝えるのが難しい生き物です。そのため、私たちの祖先は何万年も前から「言葉」というツールを用いてこの問題を克服しようとしてきました。しかし、言葉も万能ではありません。たとえば、「ありがとう」という一言を言ったとき、その言葉の背後にある意味を理解するためには、発言者の表情や声のトーンなど、非言語的な要素を解釈する必要があります。このような、言葉だけでは伝えられない情報を暗黙知といいます。暗黙知があるおかげで、人間同士のコミュニケーションは言葉だけではなく、より広範な対話が可能になっているのです。

　人間が他者との間で正確な意思疎通を図るためには、伝える側と受け取る側の両方が共有すべき情報を理解し、誤解のない言葉を用いて対話を続ける必要があります。そして、適切な表情や身振りを交え、意思疎通が確実に行われるように注意深く努力する必要があります。しかし一方で、このような努力を常に続けるのは非常に難しいということは、皆さんもご自身の経験からよく理解いただけるでしょう。

　ここで重要なのは、「人間は本来、意思疎通に苦労する」と

いう事実に対して、これまでの努力を続けるだけでは根本的な解決にはならないとはっきり認識することです。それゆえ、より根本的な対策を模索する必要があります。

その対策の一つとして提案したいのが、「ナッジ［Nudge］」の導入です。

ナッジとは、簡単にいうと誰かを「穏やかに促す手法」のことを指します。2017年にノーベル経済学賞を受賞したリチャード・セイラー氏が提唱したことから、大きな注目を集めました。心理学と経済学が融合した行動科学に基づいた手法で、人々がより良い選択をするための軽い「プッシュ」を提供します。それは大きな強制ではなく、あくまで個人の選択を尊重しつつ、望ましい方向へさりげなく導く方法です。たとえば、自分が名前を呼ばれていることに気付かずにぼーっとしている同級生に対し、「おい、呼ばれているぞ」と声に出さずに肘でそっと突く（プッシュする）といった状況もナッジと言えます。

ナッジは、人々が何かを選択をする際の環境や文脈が行動に大きな影響を与えるという認識に基づいています。情報の提供方法や選択肢の提示方法など、微細なデザイン変更が人々の行動に大きな影響を及ぼすことを利用しています。

このような性質のあるナッジを、生成AIと組み合わせることで、ナッジはさらにパーソナライズされ、個々の人間の行動や習慣により合わせた形で効果的に働きます。

たとえば、ある人が毎日の運動習慣を形成しようとしているとしましょう。AIはその人の日々の行動パターンや好みを学習し、運動を始める最適な時間や運動の種類を提案するナッジを生成します。

このように、ナッジは私たちが日々の選択をする際の「道し

るべ」のようなもので、私たちが望む目標に向かって進むための軽い「プッシュ」を提供します。ナッジの力を利用すれば、私たち一人ひとりがより良い選択をし、より良い生活を送ることが可能になるでしょう。

もっとも、「ホモ・エコノミクス（自己の経済利益を極大化させることを唯一の行動基準として行動する人間の類型）」であれば、完全な情報を持ち、自分の利益を最大化するように常に合理的に行動します。そのため、彼らにはナッジという微妙な誘導とは無縁です。

しかし、現実には私たち普通の人間「ホモ・サピエンス」は、経済合理性だけでなく、感情や状況、直感などにも基づいて行動します。それはわれわれがよく「何もせず、ぼーっとしてしまう」ことがある、という事実も物語っています。こうしたホモ・サピエンスの習性を考えると、ナッジをデザインすることは、私たちの行動をより望ましい方向に導くための重要な手段と考えられます。

現状では、多くの企業・組織が日常のルール作りやイベント開催を通じてナッジをデザインしています。たとえば、従業員に適時休憩を取らせるための定期的なアラート設定や、健康的な食事を促すためのカフェテリアメニューの考案・提供などがそれにあたります。

これらの事例は、ホモ・サピエンスの行動最適化能力にある限界に鑑み、その限界を補うための行動修正の仕組みを創り出す試みと言えます。人間は生物学的には集中力を維持するのに限界があり、また、食事選択においても栄養バランスを常に考えるのは容易ではありません。これらの課題をナッジを活用することで組織は解決を試みているのです。

ビッグデータとAIの進化は、このアプローチにさらなる可能性を与えています。大量のデータから洞察を得るために機械学習を用いることにより、新たなナッジを生み出し、個々のオペレーションを最適化することが可能となるのです。

ナッジの研究が
購買体験に変容をもたらす

　少し抽象的な概念の説明が続きましたが、小売業に置き換えて考えると、チェーンストアの運営において、ホモ・サピエンスが抱える弱点をAIが補完するという考えが想起されます。これは流通とITの統合の本質を見事に捉えたもので、効果が証明されれば業績向上への寄与も期待できます。一見複雑そうに聞こえるかもしれませんが、本質的には単純な仕組みです。

　つまり、ヒトの限界をAIが補い、全体の効率と効果を高める。これこそが、流通業界がめざすべき方向性と言えるでしょう。

　この考え方をよりわかりやすく説明するために、店舗レイアウトにおけるナッジの具体例を示してみます。

　店舗レイアウトは、消費者の購買行動や店舗での滞在時間に大きく影響する要因の一つです。ナッジの概念を取り入れた店舗レイアウトは、消費者の行動を積極的に誘導し、購買意欲を喚起する効果を持つことが期待されます。

　たとえば、食品スーパーの入口近くでは、季節やトレンドに合わせた新商品や特売商品を配置するといった売場づくりがよく見られます。来店した消費者の関心を即座に引き付けることができるからです。消費者は店内に入るやいなや新鮮な驚きや

発見の喜びを感じることができ、その結果として、自然と店内の奥へと進んでいきます。これも一種のナッジです。さらに、デジタルサイネージやPOPといった販促ツールを組み合わせると、より強力なナッジが働くことになります。

　また、人気商品や定番商品を配置し、これを取り囲むように関連商品を配置する、いわゆるクロスMDという販売手法も小売店では一般的です。消費者がある商品に興味を持ったとき、それに関連する商品が手の届く位置にあると、ついでに購入してみようという心理が働く——これもナッジにほかなりません。

　レジ周りもナッジの宝庫です。非計画購買アイテム、たとえば菓子や雑貨、雑誌などを配置することで、レジ待ちの列に並んでいる間にこれらの商品がお客さまの目に留まり、つい買物カゴに入れてしまう、という行動を促すことになります。

　このようなナッジに基づくレイアウトの工夫をより高度なレベルで研究することで、購買体験にさりげない行動変容をもたらし、店舗の売上を最大化できるのではないかと筆者は考えています。

AIとナッジと行動

　そうした可能性に鑑み、トライアルグループでは現在、新システムの構築を進めています。独自開発のデータベース「e³SMART®」を搭載した高速集計エンジンです。これは業務オペレーションのサポートを目的としており、将来的にはTRIAL GOの完全無人化に向けた運用も見据えているものです。

　この高速集計エンジンの導入により、店舗別やカテゴリー別

の予定売上を事前に算出し、それを時間経過とともに明らかになる販売実績に基づき、当初予定していた発注数量を調整します。これにより、各店舗やカテゴリー単位での最適化が行えるようになります。

　また、計算された結果は「上限（下限）アラート」の形で通知され、これは予定に対する実績の閾値に基づいて設定されます。要するに、受け取った担当者に対して発注数量の調整を促すナッジとして機能しているわけですが、そのデザインは次のように設計されています。

　まず、異常が検出された際には、集計エンジンからのナッジにより、担当者はその異常にすぐに気付くことができます。迅速に対応することで、継続的・安定的な店舗運営の実行につながる行動変容を促すことができます。

　そもそも人間がAIからのナッジを受けて、具体的な行動に移すためには、いろいろなIoTデバイスの存在が欠かせません。たとえAIが緻密な計算をして最適な結果を出したとしても、それが人間の行動にうまく反映され、組み合わされなければ、本当の意味でのDXは実現できません。

　そこで重要になってくるのが、われわれが開発を進めているハンディ端末「PACER®」の役割です。「PACER®」は今のところ、発注や店舗運営をするための機器の役割しか持っていませんが、これからはさまざまな目的に使えて、人間がAIからの「ナッジ」を受け取るためのIoTデバイスとして進化させていく構想をわれわれは描いています。

　そのためにも「PACER®」の進化には、「BYOD〔Bring Your Own Device〕」という概念が不可欠です。これは、専用の機器を特定のメーカーから購入するのではなく、従業員が自分のデバイ

スにソフトウェアをインストールして使用するというアプローチを指します。つまり、iOSやAndroidなど、各自のデバイスでPACER®が使用可能になるということです。また、iPadやApple Watchなどのタブレット、ウェアラブルデバイスとも連携させることで、近い将来、スマートグラスでのVR操作なども可能になるでしょう。

　たとえば、先述した高速集計エンジンによる計算結果やアラートを、PACER®が受け取ることで、連動したスマートグラスに表示された情報によって、店舗の売場担当者が異常をすぐに察知し対応する仕組みへと進化させる、といったことも現実になります。これにより、PACER®はより多角的なIoTデバイスとして活用可能になるでしょう。

図15_AIとナッジと行動の関連性

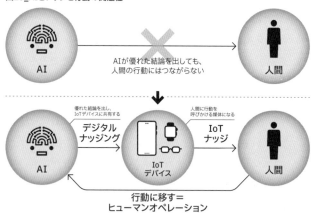

ナッジのデザインが組織を強くする

　一方、会社組織全体を俯瞰したときもナッジの活用は有効に作用します。というのも、組織というのは大きくなればなるほど、安定性を失いやすくなるためです。

　イスラエルの歴史学者であるユヴァル・ノア・ハラリ氏は、著書『サピエンス全史』において、「ダンバー（一人の人間が安定的な社会関係を維持できるとされる人数の認知的な上限）」の数はおよそ150人程度としています。

　この150人という数値の成否はいったん置いておいて、一人の人間が維持できる社会的関係性の上限が存在すること自体は、私たちの日常の経験からしても合理的な考え方と言えるでしょう。たとえば大手企業では、従業員数が一定の数を超えると「大企業病」などと呼ばれ、組織の意思決定力や運用効率が低下するという問題がしばしば起こります。丸投げや縦割り組織などの問題を引き起こし、安定的な組織運営機能を失ってしまう、といったことです。

　このような組織内での丸投げが発生してしまう背景は、私たちの経験からも理解できます。たとえば、目の前にあるタスクがあり、それを他の人に「やっておいて」と指示するだけで、数分待つだけですばらしい結果が得られるという保証があれば、それは誰にとっても望ましい状況だと言えます。

　ところが現実には、依頼者（大抵の場合は上司）がタスクの背景や意図をしっかり伝えずに「やっておいて」と依頼し、タスクを請け負った人（大抵の場合部下）からの結果に対して「まだこれだけしかできていないの？」や「理解力が低い！」と批判

する場面がしばしば見られます。

　しかし、ダンバーの数を考慮すると、一人の人間が維持できる社会的関係の数が飽和した場合、ホモ・サピエンスである上司がこのような全権委任的な態度をとることは、必然的な結果とも解釈できるかもしれません。

　ではこのような怠惰なホモ・サピエンスの集団である組織が、どのようにして健全な行動を維持していくのかという問題に対して、筆者が提案したいのは、「ナッジを通じて公平な評価システムを組み込み、納得性、明確性、公平性を適切に確保することで効果的な組織を形成する」というものです。

　ナッジの要素として重要なのがフィードバック、つまり「評価」や「報酬」です。もしナッジによって促されたにもかかわらず、フィードバックがなかった場合（評価や報酬が提供されなかった場合）、その人は「何だ、小突かれただけで何もないのか」と感じてしまうでしょう。

　ナッジが行動変化を引き起こし、その結果が評価されるという一連のプロセスが機能して初めて、評価システムは正常に動作していると言えます。これは局所的な対応、つまり一部のシステムに導入するだけでなく、日常の細かい行動すべてに対してナッジが期待どおりのフィードバックを引き出すように設計されるべきです。

　この考え方は、従業員だけでなくお客さまに対しても当てはまります。お客さまが「良い体験をしたからまた利用したい」と感じ、これが繰り返されることでエンゲージメントが高まると筆者は考えています。すべてのお客さまとの接触点に対してナッジ・デザインを慎重に施すことが、新たな小売業の価値創造につながるのです。

「思考の連鎖」と「思考の樹」

　ナッジと生成AIをつなげる架け橋として筆者が注目するのは、「思考の連鎖［Chain of thought］」や「思考の樹［Tree of thought］」という考え方です。

　まず「思考の連鎖」とは、名前が示すとおり、関連する思考やアイデアの連続性を指します。これらの思考は一つのポイントから次へと進み、一つの思考が次の思考を引き起こす連鎖的な流れを持ちます。それは一つのアイデアが次のアイデアへとつながる、ある種の連鎖的な流れと理解できます。

　一方、「思考の樹」とは、一つの中心的な思考やアイデアから多数の関連する思考やアイデアが分岐していく構造を示します。この思考の形状は、前述の「思考の連鎖」と比較して、より複雑な問題を解決したり、異なる視点から一つのテーマを探求したりするために利用されます。一つのアイデアがさまざまな方向へ展開し、さらにその各部分が分岐していく様子を、木の枝葉に喩えたというわけです。

「思考の連鎖」と「思考の樹」の主な違いは、思考の進行方法とその複雑性にあります。「思考の連鎖」は、一つのアイデアが直接次のアイデアへと続く、一方向性を持つ線形の思考進行を示します。これに対して、「思考の樹」は、一つのアイデアから多くの方向へと思考が分岐し、それぞれがさらに分岐する可能性を持つ、非線形で方向性のない思考進行を示します。この違いについて、少し具体的な事例を用いて説明してみましょう。

　まず「思考の連鎖」は、たとえば、ある人がカレーを作ろう

図16_「思考の連鎖」と「思考の樹」

例：「カレーをつくる」と決めた人の思考

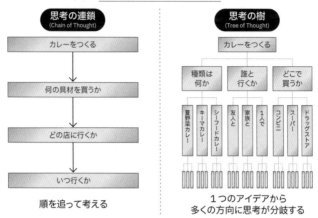

と決めたとします。その決定から「何の具材を買うのか」→「どの店に行くか」→「いつ行くか」という連続した思考が生まれます。ここでの各思考は直前の思考から直接導かれ、次の思考へとつながっていきます。

　一方、「思考の樹」は、「カレーをつくる」という思考から、「カレーの種類は何か」「誰と行くか」「どこで買うか」など、多くの関連する思考が分岐していきます。そして、それぞれの思考からさらに新たな思考が分岐していきます。たとえば、「カレーの種類は何か」からは「夏野菜カレーをつくる」「キーマカレーをつくる」「シーフードカレーをつくる」などの思考によって購入する具材が決定しますし、また、「誰と行くか」からは「友人と行く」「家族と行く」「一人で行く」などの思考が分岐するのと同時に、「どこで買うか」が決定していくことでしょう。

これらの違いを理解することは、問題解決やアイデア生成において、どのような思考過程を経て結論に達したか、または新たなアイデアに至ったかを理解するために役立ちます。

AIのナッジを中心に
タスクが回る世界

他方、生成AIに対するタスクの性質によって、「思考の連鎖」もしくは「思考の樹」といった異なるプロンプト（指示）を提供する必要があります。それぞれのプロンプトの形式は、AIの思考や出力の進行を異なる形でガイドします。

「思考の連鎖」型のプロンプトは、AIが一つのタスクから次のタスクへと一連の流れで進むようなケースに適しています。たとえば、「商品の発注を行い、その後入荷確認をする」といった連続的なタスクを行う場合では、「商品を発注した」という結果に対して「入荷を確認してください」というナッジを在庫管理の担当者にメールで行うというタスクを、AIがコントロールするという流れになります。

これにより、発注担当者は、発注が終わったことを在庫管理担当者に対して、わざわざメールクライアントを立ち上げて、宛先を入力して、メールをするという作業をしなくても、在庫管理担当者に連絡が届き、在庫管理担当者側も発注担当者に「発注は完了しましたか？」と何度も問い合わせる手間が省けるようになります。

欠品（売り切れ）に気付いてから商品が棚に置かれるまでの一連の流れ（＝連鎖）を、これまで店舗従業員という「人」を中

第4章——「ナッジ」の重要性

133

図17_「思考の連鎖」型の特徴

小売の現場で欠品した商品が棚に置かれるまでの流れ

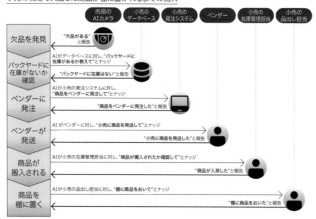

在庫管理担当や品出し担当といった人があたかもシステムの一部のようにはたらく＝ヒューマン・イン・ザ・ループの考え

心に回していたのが、「AI」を起点としたナッジによって回っていくというあり方へと変わっていき、人があたかも全体を構成するシステムの一部のようにふるまうヒューマン・イン・ザ・ループへと変わっていきます。

　一方、「思考の樹」型のプロンプトは、AIが一つの主題から多方向に分岐し、多様な視点やアプローチから問題を考えることが求められる場合に有用です。

　たとえば、「新しい商品ラインアップを選定する」といった複雑なタスクの際には、「市場調査」「仕入先の選定」「販売戦略」など、多くの関連する思考が分岐します。これに対し、AIは「市場調査」のタスクを担当のAさんに、「仕入先の選定」をBさんに、そして、AさんとBさんの資料が出揃ったことをAIが確認した後、最終的にCさんが「販売戦略」を立てる、と

図18_「思考の樹」型の特徴

「新しい商品ラインナップを選定する」という複雑なタスク

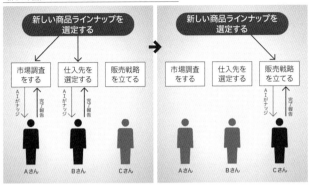

「市場調査」「仕入先の選定」が終わったことをAIが確認してから、
「販売戦略」に着手するようAIが舵取りする

いった連携が効率的に行われるようになります。

　このような「新しい商品ラインアップを選定する」という手順の決まっていない複雑なタスクも、これまでは「思考の連鎖」の話と同様に「人」が中心となって指示を出していく形で回っていましたが、「AI」が人やシステムに指示を出したり、「市場調査をする」「仕入先を選定する」「販売戦略を立てる」の3つのタスクのどこから取り組むか順序立てをしたりしながら「AI」が中心となって回していくという変化が起きます。

　このような状況でナッジによる働きかけは、プロンプトの結果として出力されるAIの思考や行動を促すツールとして利用されます。これまで、AIがどんなにすばらしい計算をすることができたとしても、具体的な人の行動には直接つながりづらいという構図がありました。しかし、AIがナッジを通じてユーザーの意思決定や行動に微細な影響を与えることができるよ

うになり、そのギャップを埋めることが可能となったのです。

　したがって、ナッジは思考の進行の中で適切に配置することが重要です。この配置は、AIが出力する結果や解答が、ユーザーのニーズや目的に合致するように、また最適な結果を生むように助けるものでなければなりません。

　ここまでの説明を踏まえて、小売の現場における業務での「思考の連鎖」と「思考の樹」それぞれの活用の可能性をあらためて考えてみましょう。

①使い続けることで成長する需要予測モデル

「思考の連鎖」が適用される例としては、需要予測モデルがデータを収集し、そのデータを用いて次の予測を改良し、さらにその改良された予測を用いて新たなデータを収集する、という連続的なプロセスがあります。ここにナッジを組み込むことで、モデルの使用やデータの収集を促すことが可能となります。

②担当者に適切な通知が届く仕組み（ナッジング・デザイン）

「思考の樹」の例としては、通知の仕組みが存在します。ここでは、一つの通知から複数の行動が分岐することが考えられます。たとえば、需要が急上昇した場合、それは担当者にとって「追加の在庫確保」「製造スケジュールの調整」「サプライヤーとの交渉」など、さまざまな行動を引き起こす可能性があります。ナッジは、通知の受信とそれに対する最適な行動を引き出すために使用されます。

③生成AIを用いた、「気付き」がコミュニケーションと評価に連動する仕組み

この場合も、「思考の樹」が適用できます。生成AIは、気付きや新たな視点を提供する能力を持っています。たとえば、AIが需要予測の結果をもとに「特定の商品が近いうちに売り切れる可能性が高い」という気付きを提供すると、それが「プロモーションの強化」「価格戦略の再評価」「在庫の再配置」など、さまざまな方向へと展開する可能性があります。ナッジは、その気付きを実行可能な行動へと導くために使用されます。

　これらの例では、ナッジは特定の行動を引き出すための働きかけとして機能します。それは、モデルの使用、データの収集、適切な行動の引き出し、そして最終的にはより正確な需要予測と効果的な業務遂行につながります。

ナッジ生成のプロセス

　次に、ナッジを生成する仕組みについて見ていきますが、これについてはどうしても専門性の高い内容・記述とならざるを得ません。その点をご容赦ください。

　現状、トライアルグループが使用している需要予測モデルはルールベースで設計されており、その汎化性能や再現性は改善の余地があります。これに対して、現在私たちが新たに採用しようと考えているモデルでは、線形計画法（一連の制約のもとで線形の目的関数を最小化または最大化するための手法）、凸二次計画法（制約のもとで二次の目的関数を最小化する手法）、そしてシミュレーテッドアニーリング（物理的冷却プロセスを模倣して、大きな探索空間内で最適な解を見つけるための確率的手法）といった、数理最適化をめざす

ソルバーを使用しています。

　私たちはこの開発中の3つのアルゴリズム（線形計画法、凸二次計画法、シミュレーテッドアニーリング）を活用して需要予測モデルの結果を算出します。それぞれのアルゴリズムから得られる結果に対して「摂動項」という調整を加えることで、モデルの性能を微調整しています。ここでの「摂動項」とは、結果に小さな変動を加えることで、モデルの反応を観察し、最適なパラメータ設定を見つけ出すための手法です。

　さらに、この摂動項の再計算を自動化することにより、モデルの「ハイパーパラメータ」の調整も自動的に行います。ハイパーパラメータとは、学習プロセス自体の設定項目で、これを適切に調整することでモデル全体の性能を最適化することができます。この一連の作業を自動化することで、私たちはより効率的な需要予測モデルの開発と運用を実現しています。

　そして、この新しい需要予測モデルは、後ほど詳述する「DX基盤」の中に統合されます。このようにして、将来的には、このシステムが他業種でのDXにも応用できる可能性があると考えています。

　私たちの新たな需要予測モデルが仮に適切な計算結果を生み出したとしても、ただ単にその結果を提供するだけでは、人間の自然な傾向として、短期間で情報への関心が薄れ、見落としが生じる可能性があります。そのような状況を防ぐために、私たちは店舗の品揃えや販売数に異常が発生したときに限り、特定の担当者に通知が行くようにシステムを「ナッジング・デザイン」として設計しました。この通知は、「思考の連鎖」と「思考の樹」のプロセスに従って行われます。

　そして、問題が解決されると、あらかじめ設定されたエス

カレーションルール（異常事態時に社内・部署内のどのようなルート、ど
のレベル・役職の人間まで報告・判断を仰ぐかを決めるもの）に従って、上
司や同僚へと状況の更新情報が共有されます。

　このプロセスは、「ヒューマン・イン・ザ・ループ」の概念
に基づいています。生成AIとナッジングを用いてこの仕組み
を再構成することで、店舗の問題に早期に気付き、適切な対応
を行うことが可能になります。これにより、効率的かつ安全に
業務運営を続けられるようになるというわけです。

ナッジは企業の「無形資産」を生み出す

　従業員教育や管理の面でも生成AIは力を発揮します。たと
えば従業員が新たな改善案を見つけたときや、特定のタスクで
顕著な成果を上げたときなど、日々の業務での気付きや貢献
度合いが、「思考の連鎖」のログとして自動的に記録されます。
これにより、他の従業員がそれらの成果やアイデアを簡単に確
認でき、学習や共有が円滑に行われます。

　さらに、生成AIの機能の1つである感情分析〔sentiment
analysis〕を利用することで、従業員のモチベーションの変化に
気付きやすくなります。たとえば、従業員が特定のタスクに苦
慮しているときや、日々の業務に対するモチベーションが低下
しているときなど、それらの状況を検出し、必要な支援や対策
を打つことが可能となります。これにより、業務運営の効率と
従業員のストレスレベルとの間のバランスを適切に保つことが
できます。

　また、このような実務状況に対して「思考の樹」の評価プロ

セスが連動することで、たとえば、成功を収めた業務改善のアイデアや効果的な戦略を他の部署やチームにも展開し、その結果として継続的な運用コストの削減をめざすことができます。

　先ほどのダンバーの数にも裏付けられているように、一定の規模までは人による管理で成長を促すことは可能です。これは一般的に「0→1」もしくは「1→10」のフェーズと言えます。しかし、トライアルグループとして、われわれが運営する店舗数が280店舗を超え、従業員数が5000人に上る現在の規模では、従来の組織体制だけでは成長の限界が見えてきます。

　これまでも、多くの人が関わるタスクをシステム化することで業務効率化を進めてきましたが、これが局所的な取り組みにとどまっていることがわれわれの課題です。そして、人間の怠惰性に起因する問題が影響しています。現在、われわれがシステム化を進めている主な目的は「人が人を管理する」ためであり、結果として「人」がデータを確認し判断を下すという形のシステムが多く作られています。これは、自動化やナッジを導入し、人間の判断を必要としないシステムを構築するという本来の目的から逸脱しています。

　これからの重要な取り組みとして、単にデータを可視化し専門家に判断を委ねる従来のタスクマネジメントから一歩進めて、新しいスキルマネジメントへとシフトしていく必要があります。具体的には、「思考の連鎖」や「思考の樹」のような複雑な思考プロセスに基づいたオペレーションとフィードバックを用いることで、課題の解決と改善を継続的に進め、実績に確実につなげていきます。

　例として、一つのタスクが逐次的に処理される「思考の連鎖」を用いると、達成状況のモニタリングが容易となり、個々のタ

スクの進捗を一貫して追跡することが可能となります。一方で、「思考の樹」を採用すると、多岐にわたる分岐を持つ課題に対して、効果的に対応することができます。これにより、特定の課題に対する多角的なアプローチと改善が可能となります。

このように生成AIとナッジングを組み合わせたシステムを用いることで、これらのプロセスを自動化し、効率的に運用することが可能となります。この取り組みは、その企業独自の「無形資産」となっていくでしょう。

ジョブ・クラフティングと生成AI

生成AIを活用するうえで、さらに注目したいのが、ジョブ・クラフティング［Job Crafting］という人事教育手法です。これは、すべての業界において業務効率化と従業員満足度向上のカギとなるもので、次の3つの領域で、従業員自身が仕事の内容や環境、意味を自主的に改善・調整することで展開されます。

①仕事の内容（タスク・クラフティング）

食品スーパーの従業員が自分の地域に合った品揃えを工夫するといった取り組みが一例として挙げられます。地域のニーズに応えた販売戦略が展開されるとともに、従業員自身のスキルや商品に対する関心の向上が促されます。

②関係性（リレーションシップ・クラフティング）

たとえば、店舗間の連携を強化する取り組みです。特定の商品の売れ行きが良い店舗とそうでない店舗での情報共有や、そ

の成功要因を他店舗にも展開することで各店の業績を向上させるといった効果が期待されます。

③認知（認知的クラフティング）

　従業員が自分の業務が顧客にどのように影響を与えるかを理解することです。たとえば、物流部門の従業員が、自分の作業を効率化することが最終的にどう顧客満足につながるのかを認識することで、効率化をよりスピーディーに実現できます。

　このようにジョブ・クラフティングは、従業員が自分の仕事に対する満足度を高めるため、そして仕事の要求と自分のスキルをうまく結び付けるための有効な方法です。この方法では、仕事への情熱を維持し、従業員の成果を向上させることも可能です。さらに、離職率を減らす効果も期待できるため、組織にとっても大きな価値があります。

　そこで、トライアルグループではジョブ・クラフティングと最新の生成AIの技術を組み合わせることを模索しています。これによって、従業員がやりがいを持って働けるようになり、同時に「お客さまにとって価値のあるサービス」を提供する仕組みを構築できる可能性があります。この革新的な連携を通じて、働きやすさとお客さまへの貢献を両立させる新しい方法を探求していく計画です。

　ジョブ・クラフティングと生成AIの連携により、たとえば、店舗従業員の業務適性を分析し個々に合わせた業務改善提案を行うことで、従業員の業務満足度が大幅に向上し、顧客満足度も同時に上昇。離職率の減少や労働生産性の向上も実現できるといった効果も期待できるのです。

「タスクの自動化」は
従業員の自信につながる

　組織論の観点においては、「小さなズレ」が組織全体の崩壊につながることはよくあることで、わずかな亀裂がやがて大きな問題へと発展し、全体の崩壊を招くことがあります。企業が長期にわたり成功を継続することが難しいのは、われわれホモ・サピエンスが持続的な努力を怠りがちであるためかもしれません。

　かつてダイエーが経営破綻したのは、このわずかな「1ミリのズレ」を放置し、状況の悪化に気付かぬまま、まるで「ゆでガエル」のように沈んでいったからだと言われています。この失敗を繰り返さないために、常に注意深く見ていなければならないのは、日々の小さな「ズレ」なのです。

　その観点でも、ジョブ・クラフティングと生成AIの連携は有用です。

　たとえば、単純で反復的なタスクを、生成AIによって自動化するということが考えられます。それによって「仕事を奪われる」と感じる従業員もいるかもしれませんが、正反対の見方もできます。それは、単純な作業から解放された従業員が、より高度で意味のあるタスクに集中できるようになるという考え方です。

　この変化は、従業員が自分のスキルと興味に合わせて働けるようにし、最終的には組織全体の生産性と満足度を向上させることにつながるはずです。つまり、前述のタスク・クラフティングによる効果です。

具体的なプロセスとしては、「思考の連鎖」タスクを活用し、日々のID-POSデータや店舗のお客さまの行動ログなどの解析を通じて、異常なデータ（上限・下限にかかわらず）を監視することが考えられます。そうすることで、その洞察は組織全体の意思決定をサポートし、従業員は自分の判断の影響を明確に理解し、実行に移す自信を得ることができるのです。

　この「1ミリのズレ」に対する感度を高めるためには、単純な手法では到底対処できず、多角的なアプローチが求められます。「思考の樹」による評価プロセスは、その手段の一つであり、流通業界においてはとくに、顧客のニーズに素早く反応し、業績を向上させるための重要な戦略となるでしょう。

　他方、組織カルチャーの形成は、人間関係の築き方やコミュニケーションの取り組み方に密接に関連しています。こうした文脈で、「思考の樹」による評価プロセスを活用する考え方は、従業員同士、あるいは上司と部下間のコミュニケーション効率を向上させる有望な手段です。このために、ハンディ端末「PACER®」にジョブ・クラフティングの考え方を組み込もうと考えています。

　この新しい仕組みを用いれば、従業員は人間関係を効果的に管理し、また自分の仕事を他人と共有しやすくなると考えます。その大きな特徴は、「思考の樹」による評価プロセスが組み込まれていることで、単なる双方向コミュニケーションツールとは一線を画し、コミュニケーション中に欠落しがちな文脈を互いに補完できる機能がある点です。これにより、より深い理解と質の高いコミュニケーションの実現が期待されます。

　ジョブ・クラフティングに関しては、高尾義明・森永雄太両氏の著書『ジョブ・クラフティング──仕事の自律的再創

造に向けた理論的・実践的アプローチ』において、Bakker, Tims, and Derks（2012）の研究をもとにした理論モデルが紹介されています。これは、「職務要求−資源モデル〔Job Demands-Resources Model〕」を基盤にしたものです。

この理論では、個人の「プロアクティブ・パーソナリティ特性」という先行要因があるとされており、この特性は環境変化に対するストレスを感じにくく、むしろ既存の環境に変化を働きかけることのできるような性格を指します。この特性がジョブ・クラフティングに影響を与え、職務遂行における資源と挑戦的要求を高め、結果的にワーク・エンゲージメントやウェルビーイングの向上につながることが示されています。

この研究に基づいて、生成AI活用によるさらなる効果が期待されています。「思考の連鎖」や「思考の樹」などの技術を使い、プロアクティブな行動を模倣したり支援したりすることによって、チーム全体のジョブ・クラフティングを促進する方策が検討されているのです。これにより、組織に対するエンゲージメントの向上や、お客さまへの提供価値の充実なども期待されます。

「DX基盤」をつくることの意義

過去の経験からデータの重要性については深く理解してきたわれわれトライアルグループですが、データの活用という点での難しさも感じていました。しかし、生成AIという新しい手法を採用することで、データ活用への道が格段に開かれたと感じています。

これまでの取り組みを振り返ると、データ利活用のプラットフォームを構築する際に、主に「掘削（Chisel）」と「資源（Data）」の部分に注力してきました。この進展については、次の図で詳しく説明します。

　このうち掘削の領域では、将来価値を生む可能性を秘めたデータを求め、さまざまな方向へと掘り進んできた感覚があります。掘り出したデータは資源として一定の整理を施し、集積してきました。

　この段階では、集めたデータに実際に価値が含まれているのかどうかはまだ明らかではありませんでした。システムはデータを可視化するツールのみを提供し、そのデータに価値があるかどうかは、利用者のスキルに依存する状態でした。このような状況を、これまでは「データ活用」と呼んできました。

　しかし、データから真の価値を引き出し、効果的に利用するために必要なスキルの習得は極めて困難であることが明らかになりました。さらに、これらのスキルを学ぶプロセスが利用者の実務に直接の影響を及ぼさない場合、その学びのプロセスに対して前向きになるのが難しいという認識を新たにしたのです。この事実は、データをどう活用するか、どう価値を見出すかという問題に対して新たな視点と対応が必要であることを示しています。

　われわれが開発しているデータ利活用プラットフォームの主な目的は、ユーザーがデータから価値を見出しやすくすることにあります。ただし、ユーザーが自分で価値を見つけるのではなく、システムがすでに価値を見出し、使いやすい資産として整理したデータを提供することをめざしています。この変換プロセスを「蒸留（Distillation）」と名付けています。

この「蒸留」プロセスによって、単なる情報の山から、実際に役立つ資産へとデータを変化させることができます。この段階で、最新の技術である生成AIの活用を考えているのです。

　これまでさまざまな手法を試みてきましたが、そのほとんどが部分的な対応で終わりました。真に全体を変えるような画期的な手法は見当たらず、そこには大きな困難も感じられました。

　しかし、生成AIの活用により、今までの課題を乗り越え、データからの価値創造が劇的に進展することを期待しています。最終的には、ユーザーが自身でデータを分析する必要なく、システムが自動で有益な情報を提供できるようになることが目標です。

　生成AIの導入により、通常は専門家だけが持つ特殊な知識や洞察を、すべてのユーザーが利用できる形に変換できるよう

図19_データの活用ステップ

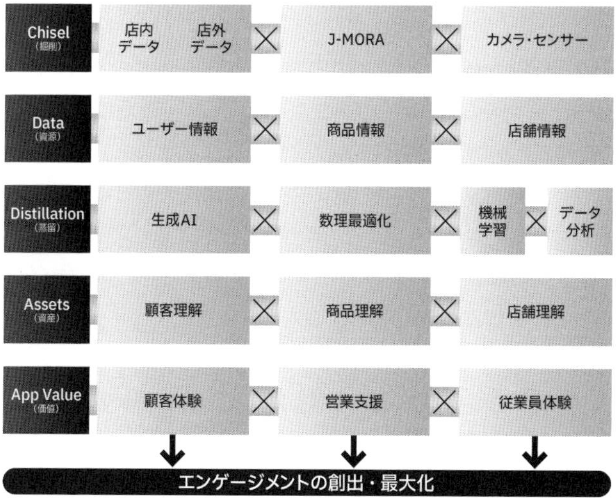

Chisel（彫刻）	店内データ	店外データ	×	J-MORA	×	カメラ・センサー		
Data（資源）	ユーザー情報	×	商品情報	×	店舗情報			
Distillation（蒸留）	生成AI	×	数理最適化	×	機械学習	×	データ分析	
Assets（資産）	顧客理解	×	商品理解	×	店舗理解			
App Value（価値）	顧客体験	×	営業支援	×	従業員体験			

エンゲージメントの創出・最大化

になります。具体的には大きく４つの効果が期待できます。

①暗黙知の形式知化：専門家が持つ知識や経験を、形式的な情報に変換します。これは、「思考の連鎖」や「思考の樹」のプロセスを通じて行われます。

②資産としてのデータ提供：専門家が通常どのようにデータを解釈するかを反映した結果を、資産として提供します。これによって、専門的なスキルがないユーザーも、専門家のようにデータを利用できるようになります。

③ナッジによる行動の指示：ただデータを提供するだけでなく、それをどう使うべきかを「ナッジ」を通じて示します。ユーザーはナッジに応じて次のステップへ進み、必要に応じて新しいナッジを受け取ります。

④効率的なオペレーション：このシステムによって、ユーザーは自分ですべてを判断する必要なく、ナッジの指示に従うだけで効率的に作業を進めることが可能となります。

　また、蒸留プロセスは、データの有効活用を進めるための画期的な手段となるでしょう。専門家の思考プロセスを他のユーザーと共有し、それを行動へと結び付けることで、データの利用が一層身近になると期待しています。

　さらに、この新しいプロセスの特筆すべき点は、オペレーションの指示が単なる命令の連続ではなく、ユーザーの働き方やキャリアの成長に配慮した設計がされていることです。これについては主に３つのポイントが挙げられます。

①**ジョブ・クラフティングの考慮**：システムは、各ユーザーがどのようなスキルや興味を持っているかを理解し、それに応じて指示を送ります。

②**「思考の樹」による評価プロセス**：ユーザーが取った行動は、「思考の樹」の評価プロセスを通じて分析されます。これによって、行動の質や結果に応じてフィードバックを提供し、ユーザーの成長を促します。

③**プロアクティブな行動の促進**：これらの要素が組み合わさることで、ユーザーはただ指示に従うだけでなく、自分の成長と職業的な充実感につながる行動をとることが奨励されます。

　このようにして、システムは単なる効率化ツールではなく、各ユーザーのキャリアとスキルの成長に寄与する、より人間的な側面を持つものとなっています。

　われわれが開発中の「DX基盤」は、業務の全体像を一元的に捉え、多様なステークホルダーに対して、より円滑なオペレーションが維持できるように設計されています。このシステムは弊社の従業員だけでなく、メーカーや卸の営業、最終的にはお客さまにも適応できるように考慮されており、流通全体のプロセスを変革することを視野に入れています。

　生成AIを活用することで、単なる作業の効率化を超えたエンゲージメントを高める仕組みを組み込むことができます。システムはユーザー全体に対して個別に合ったナッジとフィードバックを提供し、プロアクティブ行動を促進します。ジョブ・クラフティングにも配慮され、個々の能力やモチベーショ

ンに応じた柔軟な対応が可能です。

　このようにして、システムは流通に関わるすべての人たちとの連携を強化する役割を果たし、単に業務効率を上げるだけでなく、業界全体のサービス品質の向上に寄与していきます。未来の業務プラットフォームとしてのポテンシャルを有する「DX基盤」は、トライアルグループのビジョンを体現する画期的なプロジェクトであり、今後の発展が期待されるものです。

　図20は、われわれが開発中のシステムの概要図です。このシステムは「LLMOps」や「FMOps［Foundation Model Ops］」とも呼ばれることがありますが、プラットフォーム全体の一部としての役割を果たします。

　このシステムの最も重要な部分は、デジタル・ナッジングのデザインです。ここで言う「ナッジ」とは、従業員やユーザーに対して、彼らのスキルと行動を導く指示や助言として用いるものです。それによって、ジョブ・クラフティングに配慮した思考プロセスが機能し、プロアクティブな行動が継続できるようなシステムが構築されます。このようなナッジの配置と評価は、生成AIの「思考の連鎖」や「思考の樹」による思考プロセスを通じて実現され、オペレーションの効率化と個人のスキル向上を促進します。

デジタル・ナッジングと
デジタル・パースエイジョン

　われわれが開発している「DX基盤」は、このデジタル・ナッジングに加え、「デジタル・パースエイジョン」の概念を実

図20_基盤モデルを搭載したDX基盤の構成図

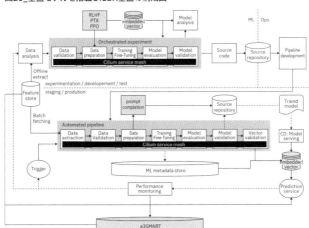

装しています。このシステムは単に流通業界に特化したもので
はありません。オペレーションドリブンな仕組みを用いて、デ
ジタル技術でユーザーの行動を効果的に導くアプローチは、多
岐にわたる産業の分野で応用可能であり、必要不可欠だと認識
しています（図21参照）。

　さて、ここで初出となる、デジタル・パースエイジョンと、
その汎用性について焦点を当てていきたいと思います。

　デジタル・パースエイジョンは、デジタル環境でのユーザー
の態度、行動、意思決定に対して積極的に影響を与える一連の
戦略と手法を指します。デジタル・ナッジングを含むより広い
概念であるため、より多岐にわたる応用が可能です。

　この戦略は、小売業だけでなく、他の業種・業態にも適用さ
れており、以下のような点でとくに重要とされています。

①**相互性**：顧客との関係を深化させるための戦略として、報酬

やインセンティブの提供などがある。

②**権威性**：専門家や信頼性のある人物の推薦を用いて、商品やサービスの信頼性を高め、ユーザーを説得する。

③**希少性**：期間限定の取引や特別なオファーなどを通じて、商品やサービスの価値を高め、購買意欲を引き出す。

④**コミットメントと一貫性**：ユーザーの関与を促進し、エンゲージメントを深化させる。

　これらの要素が組み合わさることで、デジタル・パースエイジョンは非常に柔軟で効果的な戦略となり、多様な業種での活用が期待されています。汎用的なシステムにおいて、これらのテクニックは顧客との強固な関係を築き、業績の向上に直結する可能性があります。

　デジタル・ナッジングが特定の行動への誘導に重点を置くのに対し、デジタル・パースエイジョンはより広範で戦略的なアプローチを可能にします。今後のビジネス戦略において、その柔軟性と多様性は他の業種・業態にも拡散していくと見られ、積極的な取り組みが求められるでしょう。

　もちろん、デジタル・ナッジングとデジタル・パースエイジョンは、ユーザーの行動や意思決定に影響を与える効果的な手法である一方、過剰に作為的な戦術を使用すると、利用者に不信感や反発を招く可能性があります。このようなリスクは常に念頭に置くべきです。

　しかし、先行研究をもとに生成AIの導入を検討することで、これらの戦略をより洗練された、倫理的に適切な方法で活用することが可能となります。生成AIの力によって、ユーザーのニーズと期待に応じた個別化された体験を提供するとともに、

図21_トライアルグループが考える基盤モデル上のDX基盤

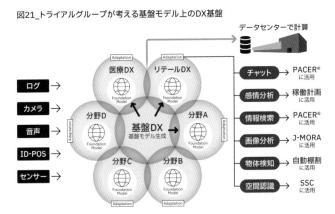

透明性と信頼性の確保にも努めることができるでしょう。

　最終的には、ユーザー中心のアプローチと、それに基づくテクノロジーの適切な応用が、真に効果的なデジタル・ナッジングとデジタル・パースエイジョンの実現につながると考えています。

───────

　OpenAI社のシェイン・グウ氏は「GPTは人類最後の発明」と表現しましたが、この言葉には、ディープラーニングとAIが持つ潜在能力と今後の可能性が端的に示されています。この新しいテクノロジーの波に早くから取り組み、その独自性と利点を十分に研究し、形式知化へと昇華させるプロセスは、企業や組織が今後の競争力を築くための重要なステップです。

　そしてこの取り組みは、単なる技術的な進歩以上のものを意味します。人々の行動や意識に直接的な影響を与え、結果として社会的な価値の創造へとつながるのです。

ただし、そのプロセスを踏むうえでは、新たな技術や顧客インサイトを正しく活用する方法を見出す必要があります。この点で、デジタル・ナッジングの考え方が極めて重要となるのです。

　本章では、デジタル・ナッジングとデジタル・パースエイジョンの原理と生成AIの関連性に焦点を当てました。ナッジとは、人々の意思決定に微細な影響を与える手法であり、この概念は生成AIの中で効果的に活用される可能性があります。具体的には、人々の行動や意思決定に対して、「思考の連鎖」や「思考の樹」のような思考プロセスの解析と洗練により、より精緻なアプローチが可能となります。

　ただし、これらの要素は広範なエコシステムの中での展開を見据えたものとなります。そのためには組織文化の継承、オペレーションとITの融合、人材戦略などの組織論を組み合わせることが重要です。

　続く第5章では、小売業が生成AIを効果的に活用するために、ベースとして求められるエコシステムの重要性と構築手法について説明していきます。

DX実現に欠かせない
エコシステム

とはいえ存在する、DX投資への抵抗

　ここまでの内容で、流通業にとって生成AIをはじめとする新たなテクノロジーへの対応と活用が、将来の成長にとっていかに重要であるかを理解いただけたと思います。しかし、そうは言っても、変革というのは一朝一夕で成し遂げられるものでもありません。組織全体が同じ方向をすぐに向けるものでもなく、場合によっては組織内にさまざまな抵抗勢力が生まれるのもまた必然と言えるでしょう。

　たとえば、製造業で営業担当として働くある社員。その企業ではAIを活用した営業支援システムやCRM（顧客関係管理）の導入が進んでおり、この社員はそれまでの経験やスキルがAIの台頭によって「無価値」になるのではないかといった恐怖を覚えるかもしれません。技術の進歩によって仕事の中身が大きく変わるか、あるいは自身の役割が大幅に減少するかもしれない——。そういった恐怖感に苛まれている人は、今の時代、決して少なくないでしょう。

　一方で、経営者にとっても不安は尽きません。たとえば製造業の社長が、自社の製造ラインにデジタル機器の導入を検討しているとします。その機器には自動生産ライン制御システムやAIによる製造品質管理などが含まれ、業務効率化、品質改善が期待できる反面、導入・運用コストのみならず、従業員への研修、生産プロセスの再設計などに莫大な投資が必要です。さらに、導入効果も不確定要素が強く、必ずしも収益が増えるとは断言できない状態。どう決断を下すべきか。将来を大きく左右するがゆえに、頭を抱えている経営トップも多いことでしょ

う。

　これらはあくまでもたとえ話ではありますが、従業員にとっても経営者にとっても、新たなテクノロジーの導入というのは、さまざまな形での恐怖や不安を生み出す出来事でもあるわけです。

　そうした中で二の足を踏んでいると、既述したようにハイプ・サイクルにおける「幻滅期」を迎え、テクノロジーへの関心が徐々に薄れ、開発者たちは別のプロジェクトに再編されるか、あるいは失敗の烙印を押されて解散することになるのです。

組織全体が技術の価値を
理解しなければならない

　こうした恐怖や不確実性に基づいた新しいテクノロジーの導入、DXへの抵抗は、テクノロジードリブンの落とし穴、文化と慣習、リソースの制約という3つの要因から生じているのではないかと私は考えます。

　まずはテクノロジードリブンの落とし穴から見ていきましょう。

　本書を通じてここまで説明してきた生成AIを中心とする新しいテクノロジーは、間違いなく、私たちのビジネスや生活を大きく変える可能性を秘めています。しかし、そのパワーを最大限に引き出すためには、ただ単に技術に"依存"するだけでは足りないのです。ここで重要となるのが、第3章で説明した「オペレーションドリブン」の考え方です。

　ここであらためて簡単に説明すると、オペレーションドリブ

ンとは、組織の運営や戦略が、ビジネスプロセスや実際の業務操作、すなわち「オペレーション」に根ざしている状態を指します。つまり、テクノロジーそのものではなく、そのテクノロジーがどのように業務に生かされ、価値を生み出すかを重視する考え方です。

　われわれトライアルグループはまさにこのオペレーションドリブンの手法を取り入れ、お客さまの買物体験に変革をもたらすシステムやデバイスの開発を続けてきました。中でも象徴的なのが「スマートショッピングカート」の誕生です。これも既述のとおりですが、セルフスキャン機能を搭載した買物カートで、お客さまは手に取った商品をスキャンしながら買物をし、専用レーンを通過するだけで決済が完了するという仕組みです。

　ここで強調しておきたいのは、このスマートショッピングカート1つとっても、ただ新しいデバイスを売場に導入したという話ではないということです。スマートショッピングカートをお客さまの買物プロセスや現場のオペレーションの中でどう位置付け、組み込み、変化をもたらすことができるかを熟考し、試行錯誤を繰り返しながら開発した、まさに「オペレーションドリブンによって生み出されたイノベーション」なのです。

　オペレーションドリブンは、組織全体が一体となって、新たな技術を最大限に活用し、それを現場の業務にフィードバックすることを意味します。そして、その過程で生まれる「改善のサイクル」が、持続的なイノベーションを生み出す源泉となるのです。

　そのため、オペレーションドリブンを実現するためには、組織全体が技術を理解し、その活用法を模索する必要があります。経営層から現場まで、全員が新たなテクノロジーに対する理解

を深め、それを活用するための訓練が必要なのです。

　これからの時代は、単に新しい技術を追求するだけではなく、それをどのように活用し、どのように組織の中に取り込むかが問われる時代となるでしょう。そして、そのカギを握るのが「オペレーションドリブン」であると私は考えています。

テクノロジードリブンの限界点

　オペレーションドリブンの反対側に位置するのが「テクノロジードリブン」です。新しいテクノロジーがわれわれの生活やビジネスに新たな可能性を開く一方で、その焦点があまりにも技術そのものに当たってしまうと、結果として「顧客体験」という重要な部分がなおざりになってしまうことが往々にしてあります。

　たとえば、グーグルが開発した画像検索サービス「Googleレンズ」。これはスマートフォンのカメラで物体や文字をスキャンすることで、それに関する情報（検索結果や翻訳など）を得られるというものです。

　当然のことながら、同サービスが十分なパフォーマンスを発揮するには、物体認識の精度が極めて高いことが条件になります。しかし実際には、Googleレンズの認識精度は完全ではありません。使ったことのある方なら経験があるかもしれませんが、必要とする情報を得られない、そもそも物体が認識されないといったケースがまだ多くあります。技術そのものは高度ですが、今のところは日常生活で満足に使いこなせるようなものではなく、利用体験・顧客体験という観点では必ずしも「良

い」とは言えません。

　もう1つ、アマゾンがアメリカで展開するレジレス店舗「Amazon Go」を例に挙げます。流通業に携わっている方なら、実際に現地で利用した方も多くいらっしゃるのではないでしょうか。Amazon Goでは、店内の商品を手に取ってそのまま店を出るだけで購入が完了するという革新的なショッピング体験を提供しています。このシステムは、数多くのカメラとセンサー、そしてAIによって運営されています。

　しかし、私も訪米時には幾度となく利用しましたが、これらの高度なテクノロジーは初期の段階では誤認識を起こすなど、完全には機能しないこともあるようでした。また、レジで精算せずに「そのまま店を出る」というあまりに革新的な買物プロセスに戸惑うユーザーも少なくなく、新技術の導入が必ずしもスムーズな結果をもたらすわけではないことがわかりました。

　このように、グーグルやアマゾンといった巨大テック企業をもってしても、新しいテクノロジーの導入が必ずしも成功につながるわけではないのです。テクノロジーそのものに集中しすぎると、ユーザーのニーズや現実の運用環境、組織内の理解度など、その他の重要な要素が見落とされる傾向にある。これが、テクノロジードリブンのアプローチが持つリスクです。

　そうしてテクノロジーファーストになって実用に至らず、研究開発のコストだけがかさんでしまうという経験を繰り返すと、次なる投資に尻込みしてしまうという悪循環に陥ってしまいます。その結果として、DX投資に対する抵抗が生まれてしまうのです。

　だからこそ、テクノロジーの導入はオペレーションドリブンの視点から進めるべきです。新たな技術が組織の運営や業務プ

ロセス、そしてそれが提供する価値と連携することを最重要視しなければなりません。

「オペレーションドリブン組織」をどう形成するか

次に、DXへの抵抗を招く2つ目の要因として挙げた、文化と慣習に関して説明していきます。

デジタル変革が進行する中で、企業が持つ固有の文化と慣習は、大きな障壁となることがあります。なぜなら、新しい技術や方法論が現行の作業方法や規範、さらにはその会社のアイデンティティを否定し得るものになるからです。

たとえば、ある企業が「手作業にこだわることが品質を保証する」という伝統的な価値観を持っているとしましょう。このような企業では、AIや自動化技術の導入に対する抵抗が起きやすい傾向にあります。これらの新しい技術は生産効率を向上させるものの、職人的な技術や手作業の価値を脅かす存在となるからです。

また、「フェイス・トゥ・フェイスのコミュニケーションをとることが最も重要」という文化を持つ企業が、新型コロナウイルスの感染拡大の影響でリモートワークを導入しようとしたとしましょう。そうしたとき、直接的なやりとりを重視するというその会社の従来の価値観が障壁となり、結果として新たなデジタルツールの導入やバーチャル・コミュニケーションツールの導入が思うように進まないといった事象を引き起こす可能性もあります。

このような企業文化と慣習から生じる抵抗を克服するためには、まず組織全体で意識の転換を促すことが求められます。これは経営層が先頭に立って新しい価値観を示し、従業員がそれに従って行動するという、トップダウンの形が有効です。同時に、小さな成功体験を積み重ねることで、従業員の新しい技術への不安を和らげ、変革への理解を深めさせることもポイントになります。

とはいえ、オペレーションドリブンの組織文化形成には時間がかかります。組織文化は一朝一夕には形成されません。リーダーが「狂信的規律」を持ち続けることで、ようやく組織文化が形成されると私は考えます。その下で、組織全体が共通の目標に向かって継続的に努力し、組織文化にしっかりとした土台を築くことで、ビジネスの長期的な成功につながるのです。

組織文化を形成するには、絶え間ない努力と徹底した実践が不可欠です。リーダーシップがオペレーションドリブンの理念を示し、その実践をリードすることで、他のメンバーも影響を受け、共通の価値観を共有することができます。組織の中で一貫したルーチンやプロセスを徹底することで、オペレーションドリブンの組織文化を確立するのです。

「エコシステム」の形成が
DXに欠かせない理由

ただ、真のイノベーションを生み出すには、オペレーションドリブンだけでも限界があります。かといってテクノロジード

狂信的規律……アメリカの経営コンサルタントであるジム・コリンズが著書『ビジョナリーカンパニー2：飛躍の法則』（原題：Good to Great）において提唱した考え方。目標実現や信念を貫くため、"狂信的"ともいえるほど厳しい規律を自身に課すリーダーが、企業の成功に大きく寄与すると説いた。

リブンには、そのアプローチの中に大きな落とし穴があるというのは、前述のとおりです。

　八方塞がりのようですが、イノベーションを実現するために不可欠なもう1つ大きなポイントがあります。それは、「新たなエコシステム」の形成です。

　エコシステムとは、異なる企業や産業が連携し、相互依存的な関係を構築することで、新たな価値を創造する仕組みを指します。小売ビジネスに当てはめると、メーカー・卸・小売といったサプライチェーンに関連するすべてのステークホルダーが協力し連携する、といったことです。それにより、さらに大きなイノベーションを生み出すことが可能になるのです。

　新たなエコシステムの形成には、次のようなポイントを押さえることが重要です。

目的共有と協力：エコシステムを形成するためには、まずすべてのステークホルダーが共通の目的を持ち、それに向けて協力することが必要です。競合他社が共同して取り組むこともありますが、目的を共有することで、より効果的な連携が可能となります。

オープンイノベーション：エコシステムでは、内部だけでなく外部のアイデアや技術も取り入れるオープンイノベーションの考え方が重要です。スタートアップを含めた外部企業と連携し、新たなアイデアや技術を取り込むことで、より多様な価値を創出できます。

プラットフォームの活用：エコシステムを形成する際には、共

通のプラットフォームの活用が効果的です。データの共有や情報交換を円滑に行うことで、連携の効率化や新たなビジネスモデルの構築が可能となります。

リーダーシップの発揮：エコシステムを形成するプロセスでは、強いリーダーシップが不可欠です。リーダーはステークホルダーをまとめ、共通のビジョンを示すことで、エコシステム形成の成功に導きます。

　もちろん、これらのポイントをしっかり押さえたとしても、新たなエコシステムは簡単に形成できるものではありません。企業が異なれば、それぞれの文化や慣習、追求する物事も違います。そうした異なる背景・環境を持つ企業同士が手を取り合うということは、とても容易であるとは言えません。それでも根気強く、長期的なビジョンの下で、継続的に取り組まなければならないのです。

　そこでエコシステムの枠組みの中でも、前述したジム・コリンズの言う「狂信的規律」を持つことが重要になります。すべてのステークホルダーが狂信的な規律を持ち、共通の目的に向かって協力し、ようやくエコシステムの形成に漕ぎつけられるのです。

　エコシステムの形成については、アメリカのシリコンバレーの事例が参考になります。ご存じのように、シリコンバレーでは多くのテクノロジー企業が集まり、相互に連携・競争しながら新たな価値を創造しています。この世界的に有名なイノベーションの土壌は、エコシステムの形成によるものと言っても過言ではありません。長年にわたりエコシステムがうまく機能し

ていることで、GAFAのような巨大企業が同地から生まれ、世界に大きなインパクトをもたらしているのです。

　たとえば、グーグルは検索エンジンの先駆者として、シリコンバレーのエコシステムの中で持続的な成長を遂げてきた企業です。検索技術に革新をもたらし、現在はそれをもとに広告ビジネスやクラウドサービス、スマートフォンなどさまざまな事業を展開しています。

　アマゾンも同様に、シリコンバレーのエコシステムを活用して成長した企業の1つです。同社はオンライン書店として事業をスタート、その後ECの領域で頭角を現し、今では世界最大のオンラインマーケットプレイスを構築しています。そこからさらに発展し、今日では物流技術やクラウドサービスの開発、AIやロボティクスなどの先端技術も取り入れています。

　これらの例からわかるように、シリコンバレーのエコシステムは多様な企業や技術の相互連携によって成り立っています。新しいアイデアや技術が短期間で広がり、相乗効果を生み出すことができているのです。

　そこで、日本でもシリコンバレーのようなエコシステムを形成することが重要だとわれわれは考えています。

　とくに小売業は、デジタル化やテクノロジーの進化によって大きな変革を迫られています。小売業の今後の成長とイノベーションを実現するためには、異なる企業や産業が連携し、新しいエコシステムを形成するほかないのです。

　たとえば、日本のある都市がシリコンバレーのようなイノベーションの拠点となることで、小売業のデジタル化や先端技術の活用が進み、新たなビジネスモデルが生まれるかもしれません。小売業だけでなく、製造業や物流業、金融業などさまざま

な産業が連携し、相互に刺激し合いながら、新たな価値を創出
することができるのです。

　実は、トライアルグループではすでにこの取り組みを具現化
しつつあります。

福岡につくり出した
「日本版シリコンバレー」

　その前に、DXへの抵抗を生み出す要因の3つ目、「リソース
の制約」について触れたうえで、トライアルグループが形成し
ているエコシステムについて説明していきます。

　ここでいうリソースの制約とは、「時間」「人材」「予算」とい
う3つの有限性が、デジタル化の取り組みを阻む要因になる
ことを意味しています。

　まず、「時間」はデジタル変革を実現するうえで重要なリソ
ースです。当然のことながら、新たな技術の導入やその適用、
そして従業員の研修などには時間が必要です。既存の業務を維
持しながらこれら新たな取り組みを進めるのは、時間管理上の
難しさが伴います。たとえば、AIを活用した顧客管理システ
ムを導入する場合、システムの構築だけでなく、従業員がその
システムを使いこなせるようになるまでにも一定の時間がかか
るでしょう。

　次に、専門的な知識を持つ「人材」も重要なリソースですが、
そうした人材は多くの産業で求められており、人材確保は容易
ではありません。だからといって社内で専門知識を持つ人材を
育成しようとすると、研修などに投資と時間をかける必要が出

てきます。

　また、デジタル化は「予算」（金銭的なコスト）も必要とします。新しいシステムを導入するためのハードウェア、ソフトウェア、研修など、これらにはそれなりの費用がかかります。とくに中小企業などでは、その予算が限られている場合が多く、この費用負担がデジタル変革への抵抗要因となります。

　そこで、私たちが目下進めているのが、業種の垣根を超えて一緒に福岡県の宮若市に集まり、「イノベーションエコシステム」を形成するというプロジェクト、「リテールDXタウン宮若」です。

　宮若市の協力も受けながら、「リテールDXタウン宮若」というエコシステムの土壌をつくり、「TRIAL IoT LAB」「MUSUBU AI」「MEDIA BASE」という３つの研究開発拠点を設置しています。いずれの施設にも共通しているのが、巨額の設備投資をして一から建物を建設したのではなく、既存の施設を活用して初期投資を抑えるというスモールスタートアップの考えでハード面を整えたことです。

　各施設の概要を以下に簡単に触れておきます。

TRIAL IoT LAB

「旧宮田西中学校」の校舎をリノベーションして設置。最先端のIoT技術の開発、高度化を図る場所として、デバイス開発センターの機能を備えています。今後はトライアルグループと取引のあるメーカーや卸のエンジニ

アメンバーを招聘し、「スマートショッピングカート」をはじめ、リテールの技術革新を進めて流通革命を起こす拠点としていきます。

MUSUBU AI

「旧吉川小学校」の校舎を
リノベーションして設置。
AI領域の拠点であり、研
究者が自由かつ快適に研究
開発に打ち込める環境を整
えました。また、サテライ

トオフィスやプロジェクトルームを備えることで日本のみならず世界中とつなぎ、距離の障壁をなくしています。今後は "知のオープン化" を掲げ、教育機関と連携しながら将来のAI人材を育成する施設としても活用します。

MEDIA BASE

「旧笠松小学校」の校舎を
リノベーションして設置。
ここではショッパー・マー
ケティング実践のため、店
頭のデジタルサイネージで
放映したり、SNSで使用し

たりするコンテンツの作成・情報発信を行うBASE（基地）として位置づけています。

　宮若ではこうしたオフィスや店舗などハード面だけではなく、

「環境」をつくることでイノベーションを促したいと私は考えています。ウォルマートの本拠地アーカンソー州ベントンビルや、サムスン電子が人材開発拠点を置く韓国・水原市から学び、弊社の拠点である宮若の施設にステークホルダーに参画してもらうことで、リテールDXの実践の場をつくり、メーカーや卸、そしてトライアルグループの競合となる小売業も集まるエコシステムを形成しています。

そこでわれわれの考えるオペレーションドリブンの重要性が共有され、真に価値のあるイノベーションが生まれる可能性があります。

変革の波を起こす当事者になるために

第四次産業革命の波が押し寄せている今、産業そのものが土台から変わっていくような動きが起き始めています。

たとえば、自動運転の技術が飛躍的に進化しています。車がIoT化してビッグデータが生まれ、そこからAI活用によって自動運転技術が向上、アクセルやブレーキ、ハンドルも自動で操作されるような車が現実のものとなりました。

そして、これはただ「車の技術が進化して便利になった」という話では終わりません。自動運転が当たり前になったとき、タクシーやバスの運転手の役割はどう変わるでしょうか。自動車保険の内容は今のままで良いでしょうか。駐車場も「自動駐車機能」を前提に設計しなおさなければならないかもしれません。第四次産業革命で生まれた自動運転というイノベーションは、車にまつわる産業全体に、変化を迫ることになったのです。

流通業も同様に、本書で論じた生成AIをはじめとする破壊的イノベーションによって、大きな変革の波が押し寄せてくることは想像に難くありません。われわれは宮若という地を拠点に、イノベーションを起こす"当事者"になることをめざしています。

　それはトライアルグループ単独で成し遂げられるものではなく、この地にメーカー、卸、そして本来は競合関係にある他の小売業も集まってエコシステムを形成し、ともに新たな価値を創造することで、実現できるものと考えています。

　人的、時間的、金銭的なリソースが限られている中で、一社で考えられること、できることには限界があります。たとえば「生成AIをどのように活用するべきか」という課題は業種を問わず各社が共通して抱えているものです。であれば、エコシステムの中で業種を超えて議論を重ねたほうが近道になるかもしれません。

　私たちは皆さんと一緒に、新たな時代の風を吹かせるためのエコシステムをこの地につくり上げたいと考えています。それは、単に新しいテクノロジーを開発するだけでなく、それを活用するための組織文化を築き上げ、そして現場の課題解決につなげていくための場です。

　そしてこの地で、生成AIというテクノロジーを使いこなすための新たな道を切り開き、生成AIの可能性を最大限に引き出すことで、流通小売業界をより良いものにしていきたいと考えています。

おわりに
すべてが「不可避」になる世界

　今回、本書を執筆するにあたり、生成AIをはじめとする新たなテクノロジーへの向き合い方、活用手法について、われわれなりの考えを正確にお伝えすることができるのか、非常に不安でもありました。

　AI関連の記述については専門的な内容も多分に含まれてはいますが、本書でいちばん伝えたかったのは、「デジタル変革に伴うあらゆる変化はInevitable（不可避）である」「やらなければ、何も進まない」ということです。

　理想論を振りかざした美辞麗句と思われるかもしれません。実際、私自身も以前は、「そうは言っても……」と思っていた節があったことも事実です。

　しかしあるとき、テクノロジーメディアの『Wired』誌を創刊したアメリカの編集者、ケヴィン・ケリーの著書『インターネットの次に来るもの（The Inevitable）』を読み、考えが一気に変わりました。変化不可避であるデジタル社会を生き抜くために、会社や自分たち、ステークホルダーの未来はどう変わるのかを常に考えて行動するようになったのです。

　世界的に見ると、急速な社会のデジタル化は先進国だけで進んでいるわけではありません。日本のようにかつては経済大国として知られた国であっても、容易に"デジタル後進国"になり得ます。むしろ、社会インフラ基盤が未発達な発展途上国のほうが、デジタル変革による社会的変化が受け入れられやすい

土壌があるとも言えるでしょう。

　流通業という一業種の中でも、デジタル化の進行度合いは国あるいは企業によって大きく差が生まれ始めています。日本で流通業に携わるわれわれトライアルグループとしても、デジタル変革をいち早く成し遂げ、生成AIをはじめとする新たな技術をスピーディに導入・活用できる"文化"を育てる必要があると考えます。そうでなければ、世界との差がますます開いていきます。だからこそ、常に挑戦し、試していかなければならない。私は強くそう思っています。

　私自身がトライアルグループの中でリテールDXを志し、動き始めたときを振り返ると、「今から取り組んで間に合うのか？」「DXの先に会社の成功は本当にあるのか？」といった不安に、常に苛まれていました。

　されど、アメリカでは過去には"王座"に君臨していた小売企業が次々衰退していき、デジタル変化に対応できた企業のみが成長を続け、業界において確固たるポジションを取るようになったことは周知の事実です。われわれが取り組んでいることは決して間違っていない。生成AIをはじめとした新たなテクノロジーと向き合い、活用を試行錯誤することが、リテールDXの実現につながる──。そう思い、今回本書を執筆することにしました。

　われわれが今描こうとしているのは、"明日の流通産業"ではなく、"未来の流通産業"です。デジタル化する社会でそれに適応する企業体でなければ、「未来はない」に等しい状態となってしまいます。

　「トライアルってどんな会社ですか？」と聞かれたら、私は

「Future First（未来を優先する）な会社です」と答えますし、社員も皆同じように言ってくれると思います。その「未来」を真剣に考えてまとめたのがこの本です。

　アフリカにこんなことわざがあります。「遠くに行きたければ、皆でいけ」――。

　遠い未来に向け、仲間で集まり果敢に挑戦し続ける。トライアル（TRIAL）という社名にはそういう思いが込められています。挑戦を続けながら、流通業界、そして日本という国そのものをよりよいものに進化させることができるよう、トライアルグループ一丸となってこれからも邁進していきます。

　最後に、執筆にあたって多大な協力をしてくれたRetail AIの辻隆太郎と漆原理樹、そして日頃支えてくれる社員の皆にこの場を借りて感謝と御礼を伝えたいと思います。

2023年12月吉日
トライアルホールディングス　取締役CDO
Retail AI　代表取締役CEO

永田洋幸

おわりに――すべてが「不可避」になる世界

[著者]

永田洋幸 Hiroyuki Nagata
米コロラド州立大学を経て、2011年米シリコンバレーに
てビッグデータ分析会社の立ち上げに従事。2015年より
ベンチャー投資事業に従事し、シード投資や経営支援を
実施。2018年より現職。国立大学法人九州大学工学部非
常勤講師。

生成AIは小売をどう変えるか?

2023年12月12日　第1刷発行

著　者──永田洋幸
発　売──ダイヤモンド社
　　　　　〒150-8409　東京都渋谷区神宮前6-12-17
　　　　　https://www.diamond.co.jp/
　　　　　電話／03-5259-5941（販売）
発行所──ダイヤモンド・リテイルメディア
　　　　　〒101-0051　東京都千代田区神田神保町1-6-1
　　　　　https://diamond-rm.net/
　　　　　電話／03-5259-5941（編集）
ブックデザイン──青木 汀（ダイヤモンド・グラフィック社）
印刷／製本──ダイヤモンド・グラフィック社
編集担当──雪元史章